国家社会科学基金青年项目（编号：12CGL121）

非营利组织信息披露及其治理机制研究

程博 著

中国财经出版传媒集团

 经济科学出版社
Economic Science Press

图书在版编目（CIP）数据

非营利组织信息披露及其治理机制研究/程博著．—北京：
经济科学出版社，2018.7

ISBN 978 – 7 – 5141 – 9545 – 3

Ⅰ．①非…　Ⅱ．①程…　Ⅲ．①非营利组织 – 信息管理 –
研究 – 中国 – 2005 – 2013　Ⅳ．①C912.21

中国版本图书馆 CIP 数据核字（2018）第 161663 号

责任编辑：周国强
责任校对：刘　昕
责任印制：邱　天

非营利组织信息披露及其治理机制研究

程　博　著

经济科学出版社出版、发行　新华书店经销

社址：北京市海淀区阜成路甲 28 号　邮编：100142

总编部电话：010 – 88191217　发行部电话：010 – 88191522

网址：www.esp.com.cn

电子邮件：esp@ esp.com.cn

天猫网店：经济科学出版社旗舰店

网址：http://jjkxcbs.tmall.com

固安华明印业有限公司印装

710×1000　16 开　13.75 印张　220000 字

2018 年 7 月第 1 版　2018 年 7 月第 1 次印刷

ISBN 978 – 7 – 5141 – 9545 – 3　定价：72.00 元

前　　言

　　非营利组织（NPO）的产生，构筑了现代三元社会结构，填补了政府和市场的空档，是和谐社会的润滑剂，肩负着提供公共产品和公共服务配送的使命。它在中国的转型社会中肩负着太多的责任，是实现社会建设可持续发展、创建和谐社会和中国社会能否成功转型的关键。然而，从全球角度来看，我国非营利组织尚处在发展的初级阶段，管理水平、信息披露等方面相对滞后，市场机制与竞争机制缺失，严重制约着非营利组织的快速发展。近年来，非营利组织领域连续遭遇一系列财务违规、慈善丑闻事件重创了行业的公信力，引起了社会公众的广泛质疑，但也极大地提升了社会公众对于非营利组织信息透明度的敏感性，由此把非营利组织公信力问题推向了风口浪尖。当务之急，如何提高非营利组织信息披露质量及其治理水平是亟待解决的现实问题，也是学术界和实务界所面临的重要课题。

　　非营利组织信息披露及其治理机制研究是非营利组织治理的一个前瞻性理论课题，对我国非营利组织加强内部治理和外部监督，提升信息披露水平和提高社会公信力，推动非营利组织可持续发展具有重要的现实意义。基于此，笔者在2012年申请了《我国非营利组织信息披露及其治理机制研究》课题，被国家哲学社会科学规划办公室批准立项（项目批准号：12CGL121）。历时五年时间，以基金会为研究样本，对非营利组织信息披露及其治理机制进行探讨，以期对非营利组织治理起"抛砖引玉"的作用。

　　本书在对非营利组织信息披露及其治理机制的分析基础上，以2005～2013年中国社会组织网所披露的基金会为研究样本，采用文本分析方法，整合组织合法性理论、信号理论、资源依赖理论、代理理论、利益相关者理论等，运用规范研究和实证研究相结合的方法考察了非营利组织信息披露质量的影响因素及其经济后果，这不仅丰富和拓展了相关研究文献，而且对非营利组织信息披露及其治理具有一定的参考价值。具体而言，首先，本书对非营利组织信息披露动因进行了分析，构建了非营利组织信息披露框架体系；其次，对非营利组织信息披露治理机制进行了剖析；再次，基于利益相关者视角对非营利筹资策略进行了理论分析；最后，检验了非营利组织信息披露及其治理机制的影响及其经济后果。

与以往的研究相比，本书丰富和拓展了非营利组织审计质量影响因素、微博自媒体的治理效应、非营利组织高管薪酬业绩敏感性影响因素、非营利组织信息披露的经济后果等方面的文献，有助于我们更为全面、深入地认识和理解非营利组织信息披露的影响因素及其经济后果，对提高非营利组织治理水平和组织绩效具有重要的意义。同时，本书为非营利组织薪酬契约设定、民政管理部门、捐赠者等利益相关方如何监督和约束非营利组织信息披露，以及如何提高非营利组织信息披露质量、组织公信力、组织绩效等方面具有一定的参考价值。

本书虽然尽可能全面、深入、细致、系统地对非营利组织信息披露质量的影响因素及其经济后果进行了理论剖析，并努力探求合理有效的研究方法进行实证检验，同时辅之大量的稳健性测试，但囿于笔者学科背景、研究能力与学术水平，还存在很多不足之处，在此，请关心非营利组织可持续发展的社会各界朋友多提宝贵意见。

程　博

2017 年 6 月

目 录
CONTENTS

| 第 1 章 |
绪　　论

　　本书在非营利组织信息披露及其治理机制的理论分析基础上，以 2005～ 2013 年中国社会组织网所披露的基金会为研究样本，采用文本分析法，整合组织合法性理论、信号理论、资源依赖理论、代理理论、利益相关者理论等，运用规范研究和实证研究相结合的方法考察了非营利组织信息披露及其治理机制的影响因素及其经济后果。本章主要阐述本书研究的背景及意义、主要研究发现、研究贡献、研究思路以及整体研究框架。

1.1　研究背景与意义

　　进入 21 世纪以后，随着我国市场经济体制的逐步建立，我国现代化建设和经济实力的日益增强。但是，经济建设与其他建设的矛盾逐步突出。相对于一个结构静态的、物质匮乏的社会，一个动态的、物质相对充裕的转型期社会更易引发社会动荡，各种社会矛盾更频繁，更易激化。传统的二元社会结构由国家（政府）、市场（企业）组成。政府由于对公共物品配置的非公开、非公平和非公正行为，或对非公共物品市场的不当干预而最终导致市场价格扭曲、市场秩序紊乱等现象（即政府失灵）；对于公共产品和服务配送而言，由于信息不对称、市场垄断和价格扭曲、外部性等原因，导致资源配置低效，甚至无效，从而无法实现资源配置零机会成本的资源配置状态（即市场失灵）。在"政府"和"市场"双双失灵之时，那么由谁来在提供社会公共产品、配送公共服务呢？市场选择理论、合约失灵理论和第三方管理理论①分别从市场供需、合约失灵和第三方机构方面进行了阐释，为缓解或消除这种社会现象，必将产生了第三部门——非营利组织（nonprofit organization，NPO），来解决政府做不了或做不好、市场（企业）不好做或者交易成本太高的工作，这就构建了以国家（政府）、市场（企业）、第三部门（NPO）组成的现代三元社会结构。

非营利组织的产生，构筑了现代三元社会结构，填补了政府和市场的空档，是和谐社会的润滑剂，肩负着提供公共产品和公共服务配送的使命。它在中国的转型社会中肩负着太多的责任，是实现社会建设可持续发展、创建和谐社会和中国社会能否成功转型的关键。然而，从全球角度来看，我国非营利组织尚处在发展的初级阶段，管理水平、信息披露等方面相对滞后，市场机制与竞争机制缺失，严重制约着非营利组织的快速发展。近年来，非营利组织领域连续遭遇"郭美美炫富""小数点漂移""善款提成门""善款发霉"等一系列财务违规、慈善丑闻事件重创了行业的公信力，引起了社会公众的广泛质疑，但也极大地提升了社会公众对于非营利组织信息透明度的敏感性，由此把非营利组织公信力问题推向了风口浪尖。当务之急，如何提高非营利组织信息披露质量及其治理水平是亟待解决的现实问题，也是学术界和实务界所面临的重要课题。

近年来，我国非营利组织得到了迅速发展，截止到 2016 年年底，全国共有社会组织 69.9 万个，其中基金会 5523 个，社会团队 33.5 万个，民办非企业单位 35.9 万个②。据基金会中心网实时统计③，2016 年 12 月 31 日全国已注册的基金会数量达 5545 家，其中 28% 的是公募基金会（1565 家），72% 的为非公募基金会（3980 家）④。但是，整体来看，我国非营利组织管理水平、

---

① 市场选择理论是美国非营利组织经济学家伯顿·韦斯布罗德（Burton A. Weisbrod）提出，认为公共物品的供需是市场选择的结果，并从供需分析范式下论证了非营利组织存在的必要性，非营利组织是社会需求的基础，是市场选择的结果。1980 年，美国法律经济学家亨利·汉斯曼（Henry B. Hansmann）在制度经济学和信息经济学的基础上，从营利组织的局限性入手来分析非营利组织功能需求，提出了合约失灵理论。1981 年，美国非营利组织研究专家赛拉蒙（Salamon）提出了第三方管理理论，认为政府是资金和政策的提供者，但在提供具体社会服务的时候，政府还会更多依靠大学、医院、行业协会以及其他非营利组织，也就是所谓的"第三方机构"。

② 民政部 2016 年第 4 季度全国社会服务统计数据。

③ 基金会中心网，http：//data. foundationcenter. org. cn/foundation. html。

④ 《慈善蓝皮书：中国慈善发展报告（2017）》。

信息披露等方面与爆炸式发展态势存在着明显的脱节，尤其是频发的财务违规、责任缺失、暗箱操作等一系列丑闻事件重创了行业的公信力，由此出现了社会公众和媒体对"问责风暴"的期待，舆论和媒体的"轰炸"，不信任快速蔓延，导致非营利组织面临严重的信任危机（程博，2012）。正如美国卡耐基基金会前主席卢塞尔所说，慈善事业要有玻璃做的口袋，唯其透明，才有公信。2014 年 10 月 19 日，李克强总理在主持召开的国务院常务会议上也强调："确定发展慈善事业措施，强化行业自律和社会监督，增强慈善组织公信力，把慈善事业做成人人信息的'透明口袋'……"。可见，建立透明慈善，实现阳光募捐，提高信息透明度和组织公信力日益迫切。同时，如何建立透明慈善，减少信息不对称，提高信息透明度和组织公信力，对赢得捐赠者认同和支持以及改进资源配置效率具有重要的现实意义。

综上所述，非营利组织信息披露是解决其社会公信力的重要措施之一，信息披露水平、信息质量和透明度高低，制约着非营利组织治理水平，进而影响组织社会公信力。非营利组织信息披露及其治理机制研究是非营利组织治理的一个前瞻性理论课题，对我国非营利组织加强内部治理和外部监督，提升信息披露水平和提高社会公信力，推动非营利组织可持续发展具有重要的现实意义。为此，本书采用文本分析法，整合组织合法性理论、信号理论、资源依赖理论、代理理论、利益相关者理论等，运用规范研究和实证研究相结合的方法考察了非营利组织信息披露及其治理机制的影响因素及其经济后果，这不仅丰富和拓展了相关研究文献，而且对非营利组织信息披露及其治理具有重要的参考价值。

1.2 主要研究发现

非营利组织信息披露是解决其社会公信力的重要措施之一，信息披露水平、信息质量和透明度高低，制约着非营利组织治理水平，进而影响非营利组织社会公信力。首先，本书对非营利组织信息披露动因进行了分析，构建了非营利组织信息披露框架体系；其次，对非营利组织信息披露治理机制进行了剖析；再次，基于利益相关者视角对非营利筹资策略进行了理论分析；

最后，检验了非营利组织信息披露及其治理机制的影响及其经济后果。研究结论如下：

（1）信任建立过程和破坏过程是非对称性的，如何重建非营利组织与社会公众的信任，化危机为转机，是当前非营利组织必须解决的问题。本书在对我国非营利信息披露动因分析的基础上，构建了由法律层、指南层和披露层的框架体系，并对每层进行了相应的设计。进一步地，基于云计算设计思路构建了非营利组织信息披露框架体系。信息披露框架体系有助于满足政府、捐赠者、社会公众等信息使用者对非营利组织信息披露的需求，有助于加强非营利组织内部治理和外部监督，对规范非营利组织信息披露、提升信息披露质量和提高社会公信力是大有裨益的。

（2）构建了风险导向和公共问责导向的双导向审计模式，形成了双导向、三审、内外同治的非营利组织审计架构，实现"三车齐驱、螺栓渐进"的治理模式，并由内向外，实现内外同治，从而提高社会捐助的热情和非营利组织的社会公信度。同时，分析了非营利组织审计导向演变的逻辑关系，这不仅为非营利组织审计提供指导思想，而且也为非营利组织治理机制理论研究提出了新的研究视角。此外，非营利组织是提供公共产品和服务配送的部门，以公共问责监督运作也是提高非营利组织信息披露质量的重要治理机制之一。

（3）非营利组织筹资成功与否很大程度上取决于政府、其他组织和个人的认同和支持，非营利组织应积极主动地与利益相关者建立或维系良好的公共关系，并针对不同的群体采取不同的策略，最大限度地赢得利益相关者的信任和支持，从而更好地实现非营利组织的社会使命。

（4）开通官方微博的基金会、无政治关联的基金会更倾向于选择高质量的审计师，旨在向外界发送有利信号，化解信任危机和获得合法性认同，提高组织公信力。进一步地，本书还发现非营利组织评估等级负向调节微博自媒体披露与审计质量之间的正相关关系。此外，研究还显示，开通官方微博的基金会倾向于选择高质量的审计师这一现象在民间性基金会、没有设立党组织的基金会中更为明显；无政治关联的基金会倾向于选择高质量的审计师这一现象同样在民间性基金会、没有设立党组织的基金会中更为明显。

（5）系统地考察了微博自媒体对非营利组织信息披露质量的治理作用，并进一步探讨领导权结构、高管薪酬激励对微博自媒体与非营利组织信息披露质量之间关系的调节作用。研究发现，开通官方微博的基金会信息披露质量更高，并且这一现象在秘书长兼任理事长的基金会中更为明显；同时还发现高管薪酬激励与微博自媒体对提高非营利组织信息披露质量具有替代作用。本书的发现丰富了非营利组织信息披露质量影响因素的研究，拓展了现有文献，对非营利组织信息披露及其内外部治理具有一定的参考价值。

（6）我国基金会高管薪酬与业绩之间存在较强的敏感性，并且这一现象在无政治关联的基金会、设立基层党组织的基金会中更为明显。进一步研究发现，与非公募基金会相比，公募基金会中高管薪酬与组织业绩敏感性更强，而基金会性质对高管薪酬业绩敏感性影响则十分有限。

（7）信息披露质量越高，组织绩效越好，这一现象在评估等级低的基金会中更为明显；微博自媒体披露与组织绩效显著正相关，这一现象也在评估等级低的基金会中更为明显。本书研究还发现社会资本水平越高，组织绩效越好，并且发现社会资本调节信息披露与组织绩效之间的正相关关系，表现为信息披露（信息披露质量和微博自媒体披露）与组织绩效之间的正相关关系，在社会资本水平低的基金会中更为明显。

1.3　研究的贡献与创新

与以往的研究相比，本书可能的理论贡献或创新体现在以下几方面：

（1）本书针对非营利组织信息披露动因进行了深入分析，较为全面、系统地构建了非营利组织信息披露框架体系，并探讨了非营利组织信息披露治理机制（如审计、公共问责等），确保非营利组织信息披露时"有章可循，有据可依"，对规范信息披露、提升信息披露质量和提高非营利组织治理水平具有一定的参考价值。同时，本书探索性地从利益相关者视角，对非营利组织筹资进行了理论分析，并针对不同利益相关者探讨了相应策略，研究结论为非营利组织的相关理论提供中国的经验，指导非营利组织进行有效的筹资，提高筹资经济效益和社会效益。

（2）丰富和拓展了非营利组织审计质量影响因素方面的研究。现有关于非营利组织审计相关文献，限于数据获取困难，以规范研究为主，实证研究较少，并且实证研究也多是聚焦在非营利组织外部审计治理的经济后果方面的研究（Krishnan et al.，2006；Kitching，2009；Yetman M. H. & Yetman R. J.，2013；张立民等，2012；陈丽红、张龙平和杜建军，2014；陈丽红、张龙平和李青原，2015），而本书则是在陈丽红等（2014）研究的基础上，进一步地深度挖掘文本数据，考察自媒体披露（微博）和政治关联等因素对非营利组织审计师选择的影响。同时，本书丰富了自媒体信息披露和政治关联对非营利组织行为影响的相关研究，并将评估等级、基金会性质、党组织治理等情景因素纳入分析框架中，弥补了以往文献较少关注情景机制的不足。此外，研究结论为民政管理部门、捐赠者等利益相关方更好地理解非营利组织管理层行为，以及如何监督和约束非营利组织会计信息披露等方面具有一定的启示意义。

（3）本书丰富了微博自媒体的治理效应方面的文献。现有文献主要集中在微博自媒体这一外部治理机制对资本市场的治理作用（Blankespoor et al.，2014；Miller & Kinner，2015；胡军和王甄，2015；何贤杰等，2016；胡军等，2016；徐巍和陈冬华，2016），而本书则是以非营利组织为研究对象，提供了微博自媒体治理作用的经验证据，使得文献更为完整和系统。同时，丰富和拓展了非营利组织信息披露质量影响因素方面的研究，并将领导权结构、高管薪酬激励情景因素纳入非营利组织信息披露质量分析框架之中，有助于厘清了微博自媒体对信息披露质量影响的作用机制。此外，研究论为民政管理部门、捐赠者等利益相关方更好地理解非营利组织及其管理层行为，以及如何提高非营利组织信息披露质量和组织公信力等方面具有一定的参考价值。

（4）本书丰富了高管薪酬业绩敏感性影响因素方面的研究。现有文献主要集中在以营利组织为研究对象，考察高管薪酬业绩敏感性（Ke et al.，2012；方军雄，2009；周泽将和杜兴强，2012；林钟高等，2014；李晓玲等，2015；刘慧龙，2017），而本书则是以非营利组织为研究对象，提供了影响非营利组织高管薪酬业绩敏感性的经验证据，使得文献更为完整和系统。同时，丰富和拓展了非营利组织高管薪酬契约及其治理方面的文献。现有研究大多聚焦在非营利组织信息披露及其经济后果方面的研究（Krishnan et al.，2006；Kitching，2009；Yetman M. H. & Yetman R. J.，2013；张立民等，2012；刘亚莉等，2013；陈丽红、张龙平和杜建军，2014；陈丽红、张龙平和李青原，2015），而本书则是将政治因素嵌于高管薪酬契约理论框架，考察了政治因素如

何非营利组织高管薪酬与业绩之间的关系。此外，本书的结论为非营利组织薪
酬契约设定、非营利组织治理、管理部门监督等方面具有一定的参考价值。

（5）本书丰富了非营利组织信息披露的经济后果研究，尤其是微博自媒
体这一新的信息媒介对非营利组织绩效的影响。同时，本书将评估等级、社
会资本等情景因素纳入分析框架中，弥补了以往文献较少关注情景机制的不
足。此外本书的研究结论为民政管理部门、捐赠者等利益相关方更好地理解
非营利组织管理层行为，以及如何监督和约束非营利组织会计信息披露等方
面具有一定的启示意义。

（6）本书整合组织合法性理论、信号理论、资源依赖理论、代理理论、
利益相关者理论等来解释非营利组织信息披露质量的影响因素及其经济后果，
为非营利组织信息披露及其治理机制的设计提供了理论依据，同时对我国非
营利组织加强内部治理和外部监督，提升信息披露水平和提高社会公信力，
推动非营利组织可持续发展具有重要的现实意义。

1.4　研究的思路与框架

本书的研究思路是在对非营利组织信息披露及其治理机制的分析基础上，
以 2005～2013 年中国社会组织网所披露的基金会为研究样本，采用文本分析
法，整合组织合法性理论、信号理论、资源依赖理论、代理理论、利益相关
者理论等，运用规范研究和实证研究相结合的方法考察了非营利组织信息披
露及其治理机制的影响因素及其经济后果。

本书共包含9个章节，各章节的主要内容阐述如下：

第1章为绪论，主要对论文简单介绍。具体包括选题的背景与意义、主
要研究发现、研究贡献与创新之处、研究思路及框架。

第2章为非营利组织信息披露的理论架构设计。共包含三节：第一节阐述
了信息披露制度与非营利组织信息披露改进的必要性，进而对非营利组织信息
披露动因进行了深入剖析；第二节阐述与分析了非营利组织信息披露体系设计
思路；第三节则是基于云计算设计思路构建了非营利组织信息披露框架体系。

第3章为非营利组织信息披露治理机制研究。第一节从非营利组织产权

界定、审计导向和逻辑推演方面探讨了以审计为导向的信息披露治理机制；第二节对非营利组织审计路径进行阐述与分析；第三节阐述了非营利组织公共问责治理机制。

第4章为非营利组织筹资策略的理论分析。首先，本章从利益相关者视角建立了非营利组织与政府、营利组织、非营利组织、个人公共关系概念模型，认为在非营利组织筹资过程中，必须与利益相关者建立和维系良好的公共关系；其次，在公共关系概念模型的基础上，从共同愿景、传播和渠道、细分定位、洞悉心理、审时度势五个维度提出了相应的策略，以此来解决非营利组织的资金短板"瓶颈"。本章共包含五节，分别是问题的提出、文献综述、公共关系概念模型、筹资策略以及结论和局限。

第5章考察了微博自媒体、政治关联对非营利组织审计质量的影响。首先，本章从理论上分析了微博自媒体、政治关联对非营利组织审计质量的影响机理；其次，介绍了样本选择与数据来源、模型设定与变量说明、变量描述性统计以及单变量分析，继而基于中国社会组织网所披露的基金会为研究样本进行了实证检验。本章共包含六节，分别是问题的提出、理论分析与研究假设、研究设计、实证结果分析、进一步检验与分析、结论与启示。

第6章考察了微博自媒体对非营利组织高管薪酬业绩敏感性的影响。本章首先从理论上分析了微博自媒体对非营利组织高管薪酬业绩敏感性的影响机理；其次，介绍了样本选择与数据来源、模型设定与变量说明以及变量描述性统计，进而基于中国社会组织网所披露的基金会为研究样本进行了实证检验。本章共包含五节，分别是问题的提出、理论分析与研究假设、研究设计以及结论和启示。

第7章为政治因素对非营利组织高管薪酬业绩敏感性影响的实证分析。首先，本章从理论上分析了政治因素（政治关联和政治治理）对非营利组织高管薪酬业绩敏感性的影响机理；其次，介绍了样本选择与数据来源、模型设定与变量定义以及变量描述性统计，继而基于中国社会组织网所披露的基金会为研究样本进行了实证检验。本章共包含六节，与第5章的结构安排类似。

第8章为信息披露对非营利组织绩效的实证分析。首先，本章从理论上分析了信息披露（信息披露质量和微博自媒体披露）对非营利组织绩效的影响机理；其次，介绍了样本选择与数据来源、模型设定与变量定义以及变量描述性统计，进而基于中国社会组织网所披露的基金会为研究样本进行了实证检验。本章共包含七节，依次是问题的提出、理论分析与研究假设、研究设计、实证结果分析、稳健性检验、进一步检验与分析、结论与启示。

第9章为研究结论、政策建议与研究展望。在对全书的主要研究结论概括总结的基础上，提出了相应的政策启示，并指出了本书的研究局限性和未来研究方向。

本书的研究思路如图1.1所示。

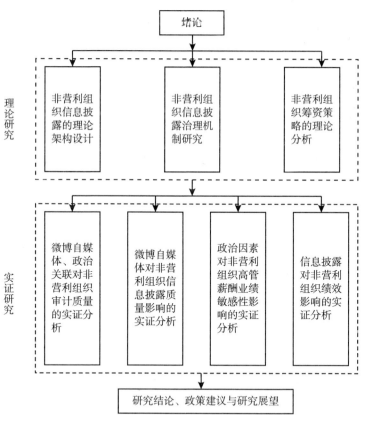

图1.1　研究逻辑框架

9

| 第 2 章 |
非营利组织信息披露的理论架构设计

　　慈善可以是"名利场",却不能没有"灯光"。正如美国卡耐基基金会前主席卢塞尔所说,慈善事业要有玻璃做的口袋。唯其透明,才有公信。进入 21 世纪以后,随着我国市场经济体制的逐步建立,我国现代化建设和经济实力的日益增强,非营利组织得到了快速发展,尤其是在 2008 年,南方冰雪灾害和汶川特大地震使得中国的慈善捐助出现了井喷式的增长。但是,这种呈现蓬勃之势的发展喜忧参半,喜在非营利组织在转型社会中扮演着重要的角色,忧在非营利组织治理与发展相脱节。2001 年 "胡曼莉事件" 到 2011 年网络媒体爆炒的 "郭美美事件",随后的 "小数点漂移" "善款提成门" "善款发霉" 等一系列财务违规、慈善丑闻事件屡见报端的事件,重创了行业的公信力,使非营利组织产生了信任危机。因此,如何提高非营利组织社会公信度,加强信息披露和治理,方能促使非营利组织健康发展。

2.1　非营利组织信息披露的理论分析

2.1.1　信息披露制度与非营利组织信息披露

现代信息披露制度起源英国和美国,信息披露制度又称公示制度或信息公开制度，是组织出于某种目的向外界揭示自身信息的一种制度安排，以满足信息使用者的决策需求。政府、企业、非营利组织分别充当政治领域、经济领域及社会领域的主要角色，共同构筑了现代三元社会结构。非营利组织是"政府失灵"和"市场失灵"推动下的产物，以提供公共产品和服务配送为己任，具有非营利性、民间性、自治性、志愿性、非政治性、非宗教性、非分配约束性等特征的组织，素有"第三部门"（third sector）的称谓。近年来，非营利组织得到了迅速发展，使得中国的慈善捐助出现了井喷式的增长。然而，由于非营利组织信息公开制度的落实不彻底、运作不透明、内部治理机制失衡，缺乏相应的评估与监督机制，以及监管立法不够完善等方面的制约，使得快速发展与治理和监督机制相脱节，从而引发出一系列非营利组织违纪违规、责任缺失和败德行为的事件①。"郭美美事件"等再次把非营利组织公信力问题推向风口浪尖之上，由此出现了社会公众和媒体对"问责风暴"的期待，舆论和媒体的"轰炸"，不信任快速蔓延，导致非营利组织的社会公信力和组织绩效下降。从经济学角度来看，失信容易守信难；换言之，失信成本低，守信成本高。当务之急，如何揭开和解开非营利组织"运作之谜"，提高非营利组织的社会公信力，助推非营利组织健康有序发展是亟待解决的问题（程博，2012）。

非营利组织委托－代理关系不同于营利组织，委托人被捐赠人所代替，非营利组织的捐赠人期望得到回报是非营利性的，但仍需要用治理机制来解决捐赠人与非营利组织目标不一致的代理问题（Fama & Jenson，1983）。非营利组织的规模和活动多样化使其治理较为复杂，委托－代理框架削弱了代理成本，从而推动会计制度和更好的预算管理系统出现（Lapsley，1998）。通过比较加拿大、英国、美国和西班牙的非营利组织会计制度发现，为了适应非营利组织快速发展，不同国家应采取公认会计准则，并对非营利组织绩效进行考核，向社会公众传递更多的信息（Torres & Vicente，2003）。哈佛商学院里贾纳·E. 赫茨琳杰教授在美国国会、证券交易委员会（SEC）以及财

---

① 借鉴国内外学者对非营利组织定义的基础上，我们认为，非营利组织是不同于政府组织（第一部门）、营利组织（第二部门）的各种非政府、非营利组织的总称，它为社会提供部分公共产品与服务配送，倡导个人奉献、成员互益、人道主义等价值观念和取向；并且其存在不以营利为目的，具有民间性、自治性、志愿性、非营利性、非政治性、非宗教性等重要特征。

政部所采取措施的基础上，提出了解决非营利组织信息披露的 DADS① 方法，要求非营利不仅要进行信息披露，而且要提高信息质量（里贾纳，2004）。对于非营利组织来说，自我批评是少见或不明显的，通常的做法是高调处理正面事件，低调处理负面事件（Ebrahim，2004）。非营利组织存在不以营利为目的，旨在完成公益性使命，从而致使非营利组织缺少商业领域中的强制性责任机制，管理层不必担心自己管理的非营利组织被收购或者兼并，甚至存在追逐私利的可能。非营利组织会对自己的财务信息进行管理，并且存在操纵或者粉饰业务活动成本的行为（Callen et al.，2003；Trussel，2003；Jones & Roberts，2006）。如何使一个非营利组织可以长期获取社会公众的青睐和支持，信任和信心是非营利组织的核心能力。在面临筹款、人员配备、捐助疲劳症等因素挑战时，只有向社会公众传递更多的信息，更好地推介自己，才能令社会公众的信服（Claudlu & Mike，2007）。问责机制是非营利组织治理的一个重要环节，提出了一个问责制框架②，在公共政策和事务这个标准中强调，非营利组织在提供公共服务时应向公众通信，准确地披露任务、目标、计划活动、财务和治理等相关信息公布于众，赢得社会公众的支持（Monika，2008）。为此，我国学者对中国情景下的非营利组织治理方面做了大量的研究，例如，卢太平等（2005）在分析非营利组织现状的基础上，构建了一个财务机制体系框架；张雁翎和陈慧明（2007）运用博弈论的方法分析非营利组织不同财务披露方式与资财提供者捐助的关系，提出了促进非营利组织披露真实完全财务信息和促进资财提供者捐助的方法。张彪和向晶晶（2008）指出，提升非营利组织财务透明度，应当制定非营利组织财务透明度标准，研究网络环境下财务透明度提升的技术支撑、设计财务透明度相关审计制度和完善财务透明度相关法规。程昔武和纪纲（2008）以提高组织公信力和促进组织持续发展能力为目标，构建了非营利组织信息披露机制的理

① DADS 法是披露（disclosure）、分析（analysis）、发布（dissemination）、处罚（sanction）的简称，即加强非营利组织业绩信息的披露、分析和发布，对不遵守以上规定的组织进行处罚，并对其在实践中的应用进行了考察。DADS 法将信息的披露、评价以及对披露者的监督和惩罚整合在一起，在非营利组织发展比较成熟的美国确实发挥了重要作用。

② 该框架包括任务和方案（mission and program）、治理（governance）、财务（finances）、筹款（fundraising）、人力资源（human resources）、公共政策和事务（public policy and affairs）共六个方面的评判标准。

论框架。倪国爱和程昔武（2009）认为，为了提高非营利组织的社会公信力，实行强制性披露和补充性披露相结合的形式。一方面，必须进行强制性信息披露；另一方面，有必要引入中介机构作为非营利组织信息披露的有效补充机制。颜克高和陈晓春（2010）从机制运行的角度将非营利组织信息披露机制分为非营利组织的信息披露、利益相关者的信息分析与共享和利益相关者的奖励与惩罚等三个模块，认为自愿性信息披露的适度控制和强制性信息披露度的合理测量、第三方评估机构的完善和利益相关者之间信息的共享、行政性奖励与处罚的公平与公正是保证机制健康运行的关键。学者从不同层面和视角进行的研究，对非营利组织提高社会公信度大有裨益，但随着社会变迁和信息技术的发展，原有的信息披露体系和机制已不完全适应非营利组织利益相关者的信息需求，必将对信息披露技术和概念产生重大变革。

2.1.2 非营利组织信息披露动因分析

2.1.2.1 特殊的产权属性

非营利组织是有别于政府组织、营利组织的各种非政府、非营利组织的总称，是来解决政府做不了或做不好、市场不好做或者交易成本太高的工作，它提供部分公共物品与服务，强调个人奉献、成员互益等价值观念（张纯，2007）。非营利组织有别于营利组织，其资产主要是以多元化的形式募集于社会公众，捐赠人一旦捐出资产，意味着放弃了原有资产占用、使用、收益、支配等权力；受赠人（非营利组织）对该资产仅有控制权，不具有剩余索取权；受益人并非捐赠人和受赠人，并不能成为非营利组织资产的所有者。非营利组织的资产具有公益属性，非营利组织资产的所有者是社会公众。因此，非营利组织是一种所有者缺位和剩余追索权缺失的组织，这种产权性质使非营利组织管理者缺乏一种来自所有者的强有力的监督，捐赠人、受赠人、受益人三方并不是非营利组织产权的完全所有者。不完全产权决定多方（捐赠人、受赠人、受益人、政府、社会公众、志愿者等）对信息披露的需求。

2.1.2.2 特殊的委托－代理关系

在非营利组织中，捐赠人成为其委托－代理关系中最重要的委托人，理事会和管理者则扮演着代理人的角色；同时，理事会又作为委托人，将一部分获取、控制和使用经济资源的权力转授给管理者（于国旺，2010）。这种特殊的委托－代理关系比营利组织更为复杂，例如，提供的公共产品或服务配送的没有统一的标准、难以度量其品质与数量，资产的公益属性，导致所有者的虚拟性或监督主体缺位等（程昔武，2008）。砝码和詹森（Fama & Jensen，1983）指出，尽管缺少剩余要求权可以使非营利组织避免资源提供者和剩余要求者之间的委托－代理问题，它却并没有消除其他代理人的机会主义行为。委托－代理关系的存在，委托人和代理人在信息获取和传递中可能存在不一致或不完全，这就出现了信息不对称，代理人在利益的驱动下，可能会进行投机活动，必然产生逆向选择和道德风险。解决逆向选择和道德风险方法就是信号传递——信息披露，非营利组织信息披露不仅包括系统全面反映财务状况、运营成果、现金流量的信息，而且应包括成本耗费、预算执行、经济资源的限定、受托责任履行等方面的信息。

2.1.2.3 利益相关者的公共需求

特殊的产权属性，决定了监督主体的多元性；特殊的委托－代理关系，决定了信息需求内容多样化。弗里曼（Freeman，1984）指出，组织利益相关者是指那些能影响组织目标的实现或被组织目标的实现所影响的个人或群体。卢克等（Luk et al.，2005）、格里利等（Greenley et al.，2005）提出了利益相关者导向概念，认为组织对各种利益相关者利益集合关注的积极有序态度，通过组织资源和能力分配来满足这些利益要求的管理行为，是组织应对外界环境变化的应对措施。非营利组织的利益相关者比营利组织更为广泛，包括捐赠人、受赠人、受益人、债权人、雇员、志愿者、政府、社会公众、媒体等。捐赠人关系资产是否按照捐赠意愿用于社会公益事业以及资金的使用情况等；受赠人为了反映受托责任的履行，将组织财务状况、运营成果和现金流量信息进行披露；受益人关注是否符合该组织的帮扶对象以及公共产品或服务配送的品质和数量；等等。虽然各类利益相关者信息需求的略有差异，但利益相关者都期望非营利组织能公开、公正、真实、客观、及时地披露组织信息。

2.2 非营利组织信息披露体系构建

2.2.1 非营利组织信息披露体系设计思路

依据有效市场假说，一个组织所披露信息越是真实、完整和充分，将越有助于解决市场的信息不对称问题进而提高市场的有效性（Malkiel & Fama，1970）。信息不对称的两个典型后果是逆向选择和道德风险，解决逆向选择问题的一个方法是信号传递。如给定一个道德风险的境况，代理人会选择最大化他自身预期效用的努力，而不是最大化合约关系剩余的努力。当代理人使信息公开会使自己的境况变得更好时，他就有兴趣（动机）去传递其特征的信号，但是传递信号需要消耗一定能量（即付出成本），如果行为人无法承受发出信号的成本，即使其有传递信号的动机，该行为也不会是一个有效信号。换言之，一种行为能够承受的成本越高，越能将这种行为与其他行为区别开来，该行为越能成为有效信号（因内斯，2004）。信号传递不仅仅局限于传递者能力和特征，而且还包括情感、品德、道德的因素（董志强，2009）。非营利组织应具有经济和伦理的"双重责任"，不仅是作为经济实体的"经济人"，而且应作为伦理实体的"道德人"。只有遵纪守法、重视伦理、广施慈善、承担社会责任，做到依德运营和尚德运营，进而化解在契约与信号传递中的道德风险，满足和超越社会公众的期望，才能提高社会公信力。随着社会变迁和信息技术的发展，社会公众对非营利组织的信息需求不再局限于数字化的表内信息，而是更多地关注外生信息的披露。纵观国内外研究现状，系统地研究非营利组织信息披露的文献较少。基于这一原因，本书试图构建非营利组织信息披露框架体系，从法律层、指南层和披露层三个层面来建构非营利信息披露系统，以期指导非营利组织建立完善的信息披露制度，确保公开信息的准确、及时和完整，减少信息不对称的逆向选择和道德风险，同时为政府职能部门制定政策提供建议。

为了满足政府与社会公众目前和今后对于非营利组织相关信息的需求，有必要构建了一个由"法律层 - 指南层 - 披露层"的非营利组织信息披露框架体系（如图2.1所示），由政府牵头、各个非营利组织负责建设的信息披露平台。在非营利组织信息披露框架体系中，最高层是法律层，将非营利组织信息披露从立法高度进行要求，提高监管的立法层次，加强对非营利组织信息披露全过程的监督。中间层是指南层，一方面，通过设计非营利组织财务报告指南规范非营利组织编制财务报告；另一方面，通过设计非营利组织的审计指南规范审计机构编制审计鉴证报告的行为。最低层是披露层，在财务报告指南和审计鉴证指南的双重约束下披露非营利组织财务和非财务信息，包括个别报告和汇总报告两个层面。非营利组织在披露基本报告之外，可以根据信息使用者的要求，披露个性报告，满足信息使用者个性化需求。政府职能部门和非营利组织行业协会可以依据非营利组织按照指南编制和审计鉴证的结果，编制非营利组织信息披露的总报告、行业报告以及分地区报告等分析报告，以便加强监督和管理。三层体系相互交融，不可分割，法律层是保障并起导向作用，指南层是指引，披露层是框架体系的核心，按照信息使用者的需求，提供通用和个性化报告，以提高信息使用者持续满意度为出发点，提高信息的透明度、可信度，满足并超逾信息使用者的期望，进而提升非营利组织的社会公信力，推动非营利组织健康有序地发展。

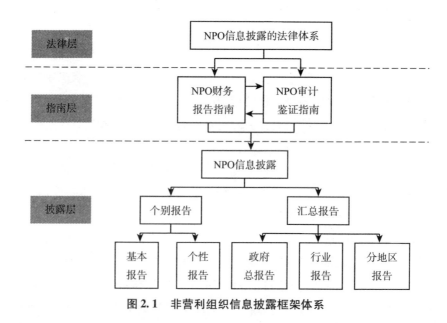

图2.1 非营利组织信息披露框架体系

2.2.2　非营利组织信息披露的法律层设计

法律层在整个非营利组织信息披露框架体系中，起统驭、导向作用。从法律体系来看，各国法律大体上可以归纳为大陆法系和普通法系。前者采取的是形式逻辑体系，法律规范严禁；而后者是以一般判例法为基础，通过有效判例中的规则联系起来构成的一个经验体系。我国的法律体系属于大陆法系，法律体现在宪法之中。至今为止，我国已先后制定了《中华人民共和国公益事业捐赠法》《中华人民共和国民办教育促进法》等法律，以及《社会团体登记管理条例》《民办非企业单位登记管理条例》《基金会管理条例》《民间非营利组织会计制度》《基金会信息公布办法》《基金会年度检查办法》《救灾捐赠管理办法》等部门的规章制度。虽然这些法律和规章制度对非营利组织信息披露有一定的约束力，但随着非营利组织快速发展，实践中暴露出法律规定不够细化、操作性不强、法律法规的配套性缺失等问题，使得现有的法律和制度对非营利组织信息披露的指导价值已力不从心。因而，有必要在宪法、民法通则下制定非营利组织法、慈善法等经全国人大常委会通过并颁布实施的高层次的法律，以此调整非营利组织的法律规范，在实际操作中与行政法规、部门规章和规范性文件相配套和协调的三级法律体系，如图 2.2 所示。

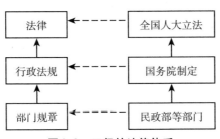

图 2.2　三级的法律体系

将非营利组织管理和信息披露提高到立法层次，系统性和操作性强，并且强化了政府监管的法律效力。在这个法律体系中，可以借鉴印度的《慈善捐赠法》、韩国的《非营利组织支援法》等亚洲和西方国家的相关法律，参照《中华人民共和国政府信息公开条例》的相关规定，从立法角度构建非营利组织信息披露的整体框架，规定信息披露的基本原则、界定信息披露的主体和客体、内容、形式、时间等基本要素，以及如何进行审计鉴证、问责机制等原则性和纲要性的内容（汪方军等，2011）。同时，对现有的行政法规、部门规章和规范性文件进行修订，加强对非营利组织的监管，不仅要做到"重入口、重出口"，而且要重过程和产生效应的全方位披露，如定期披露善款的来源、善款的去向、善款所产生的社会效应、行政支出等（史正保和王李娜，2011）。

2.2.3　非营利组织系统披露的指南层设计

2.2.3.1　非营利组织财务报告指南

位于整个框架体系中间的是指南层，在整个体系中起枢纽和连接作用，是法律层的具体表现，进而指引和指导非营利组织信息披露。制定非营利组织财务报告指南旨在让非营利组织明确信息披露的义务，规范披露的内容、形式、层次、时间和程序等。财政部应会同民政部在相关法律规范的约束下，制定非营利组织财务报告指南（包含财务信息和非财务信息披露），作为非营利组织信息披露的规则和规范性文件，使得非营利组织信息披露时"有章可循，有据可依"。非营利组织财务报告指南应包括但不限于财务报告的主体、客体、准则及信息披露机制等内容，如图2.3所示。报告主体确定由谁报告、明确非营利组织信息披露的责任和义务；报告准则确定如何编制报告，

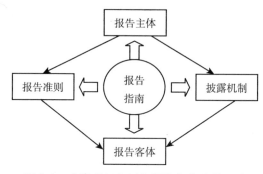

图 2.3　非营利组织财务报告指南设计思路

并且遵循可靠性、相关性、可理解性、可比性、重要性等原则；披露机制确定报告的内容、形式、层次时间等；报告客体是非营利组织信息披露所指向的个人和单位（即信息使用者），即信息披露直接作用的对象。报告主体依据报告准则，并受披露机制的约束，向报告客体进行信息披露。

2.2.3.2 非营利组织审计鉴证指南

根据图 2.1 的信息披露框架体系，国家审计署应会同财政部和民政部等相关部门，根据相关法律规范和非营利组织财务报告指南的有关规定，结合我国非营利组织的特点，制定非营利组织审计鉴证指南，作为非营利组织财务报告鉴证的概念框架和约束审计师的行为规范。对非营利组织审计有别于营利组织审计，不仅仅是实施风险评估程序，设计和实施进一步审计程序应对评估的错报风险并纠正被审计单位的重大错报，根据审计结论发表恰当的审计意见；而且应对非营利组织内部控制、治理机制等方面进行审计，从而促使提高非营利组织组织绩效和社会公信力，避免责任缺失和败德行为。在制定审计鉴证指南时，应树立公共问责的审计理念，重视非营利组织利益相关者的诉求，以提升组织的责信度、信息透明度为核心，以及强化监督机制来设计非营利组织审计鉴证指南，如图 2.4 所示。首先，应明确非营利组织审计目标，除了传统的合法性、公允性的目标外，还应包括合规性和合理性；

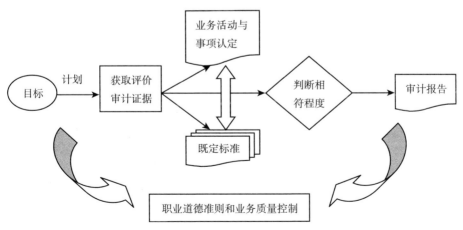

图 2.4 非营利组织审计指南设计思路

其次，对报告主体业务活动和事项认定进行再认定，获取、评价审计证据，与既定标准（财务报告准则和审计鉴证准则）相比较，判断相符程度，据此发表意见，形式审计报告；再其次，在整个审计活动要贯彻职业道德准则的要求，并遵循适当的业务质量控制程序；最后，在制订审计鉴证指南时，考虑非营利组织运营的特殊性，其内容至少应包括业务约定、计划、审计证据、职业判断和鉴证风险、审计报告等方面。

2.2.4 非营利组织信息披露的披露层设计

非营利组织在信息资源上具有明显的优势，与捐赠者、受益者、政府职能部门、社会公众之间形成了一种不完全信息博弈，导致一些非营利组织违纪违规、责任缺失和败德行为时有发生，严重损害了利益相关者的利益。如何保障利益相关者的利益不受侵犯，更好地为社会提供公共产品和服务配送呢？提高非营利组织信息透明度，向利益相关者传递合法、公允、完整和充分的信息，是解决信息不对称和提高非营利组织社会公信力的关键路径之一。因此，民政部应会同财政部等部门搭建一个非营利组织信息披露平台，为信息使用者提供动态、个性化的服务。为此，可以构建一个信息披露的模型（如图2.5所示），即"输入－过程－输出"（input-process-output，IPO）模型。

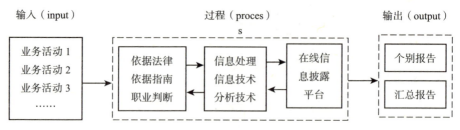

图 2.5 非营利组织信息披露层 IPO 模型

"垃圾输入－垃圾输出"（garbage in-garbage out）是计算机模拟研究中一则著名的原理，如果输入的信息是垃圾，则输出的信息也必然是垃圾（张功耀，2004）。为了提高非营利组织社会公信力，必须严把"入口"和"出口"关，入口就是 IPO 模型中"输入"环节，要求非营利组织将日常业务全面、及时的传递给"过程"环节进行处理，所有输入的业务必须按照民间非营利组织会计制度等制度的相关规定，保证业务真实、客观、可靠和可验证性。"过程"环节包括三部分内容：第一，非营利组织财务人员按照相关法规和指南的要求编制财务报告，审计师根据审计鉴证指南对其财务报告进行审计（报告编制、审计鉴证与财会和审计人员的职业判断能力密不可分，因此要求非营利组织财务人员和从事非营利组织审计的审计人员要具备良好的专业胜任能力）；第二，非营利组织对外信息披露的内容通过一定的信息技术、分析技术手段和方法（如云计算、XBRL 等）将信息进行编码上传信息平台；第三，在线信息披露平台为信息使用者提供实时、个性化的信息服务，信息使用者通过在线注册后，可以免费订阅所关注的非营利组织（个体或行业）的信息。"输出"环节就是根据信息使用者的需要传递信息，用户在信息披露平台订阅的信息除了可在网页上浏览外，还可以发送至用户的邮箱，同时系统会发送手机、QQ、微信提醒，使用户可在第一时间内掌握自己关心的非营利组织信息。这个环节的信息不仅可以提供个别报告，还可以提供汇总报告，以便为信息使用者作出正确的决策提供准确、实时的信息或依据。

慈善可以是"名利场"，却不能没有"灯光"。美国卡耐基基金会前主席卢塞尔曾说，慈善事业要有玻璃做的口袋。唯其透明，才有公信。信息透明度是运作良好的非营利组织治理体系的基本要素，同时也是非营利组织运作和管理的一个重要原则。为了规范和促进非营利组织的发展，提高信息透明度和社会公信力，不仅要求严把"入口"和"出口"关，而且要求严把"过程"关。一方面，加强非营利组织内部治理（制度的建立和内部控制等方面）；另一方面，要加强非营利组织外部治理（政府机构、中介机构、监管机构、社会舆论监督等方面）。

总之，非营利组织信息披露不规范、运作透明、内部治理机制失衡、缺乏相应的评估与监督机制，降低了社会公众的信心，也阻碍了非营利组织的发展，并且引起了政府部门、学者、科研机构等的广泛关注。信任建立过程和破坏过程是非对称性的，如何重建非营利组织与社会公众的信任，化危机为转机，是当前非营利组织必须解决的问题。本书就我国建立非营利组织信息披露系统进行了探索性的研究，构建了由法律层、指南层和披露层的框架体系，并对每层进行了相应的设计。信息披露框架体系有助于满足政府、捐赠者、社会公众等信息使用者对非营利组织信息披露的需求，有助于加强非营利组织内部治理和外部监督，对规范信息披露、提升信息披露质量和提高社会公信力是大有裨益的。

2011 年 8 月，民政部公布《公益慈善捐助信息披露指引（征求意见稿）》，该指引是公益慈善领域第一个信息披露行业规则，这使社会公众看到了政府愿意承担责任的勇气和信心，以及政府在自身管制上的政治策略。2011 年 8 月 26 日，首届中国城市公益慈善指数在安徽芜湖发布，标志着中国公益慈善事业进入可量化监测评估时代。本书只是探索性的研究，但如何进一步细化每层的设计和制定非营利组织信息披露的相关指南和制度，满足并超越信息使用者的信息需求是进一步研究的主题。

2.3 基于云计算的非营利组织信息披露体系构建思考

2.3.1 云计算与信息披露

云计算（cloud computing）是一种基于因特网的超级计算模式，是种将应用程序运行于大量并行计算机系统之上的新兴共享基础架构，是一种动态的、易扩展的且通常是通过互联网络提供虚拟化的资源计算方式，具备处理规模化、功能开放化、管理集中化、存储海量化和客户端轻量化的特点（刘异等，2009；周红伟和李琦，2011）。云计算的基本原理是互联网运营企业将成千上万台计算机和服务器连接在一起形成远程数据中心，用户不再处理程序的维护、升级、存储，只需要将处理的日常数据通过网络交给远程数据中心（这就是所谓的"云"），这些数据一直储存在云中，用户通过浏览器进行联网访问就可以按自己的需求将资源切换到需要的应用上（文峰，2011；丁璐，2011）。云计算的诞生，改变了人们工作方式和观念，降低了信息披露的成本（如信息被重复录入、信息交换成本、设备维护成本等），推动着信息披露的重大变革。

2.3.2 云计算与非营利组织信息披露

通常把云分为：公有云、私有云和混合云三类。私有云是为特定客户使用而构建的，具有比较明显的商业目的和用户群。与其相对应的是，不是为了特定某一客户的商业利益服务，而是为某一组织或协会的组成成员或会员服务的，这就是公有云。从前文非营利组织信息披露的动因分析来看，非营利组织的信息披露属于公有云的范畴。混合云是介于公有云和私有云之间的一种折中方案。公有云提供的信息为非营利组织利益相关者使用，随着科技的进步和社会的发展，满足利益相关者多样化和个性化的信息需求已成为可能。可扩展商业报告语言（XBRL）正是应对信息使用者多样化和个性化需求而产生，一方面，可以解决财务信息的电子交换成本，增强财务信息的柔性；另一方面，使财务信息有序、便捷地在不同利益相关者之间进行交换。XBRL 利用了云计算的功能，促使了组织进行信息披露，为利益相关者实现了便捷的信息交换，实现了工作协同，提高了利益相关者对市场的快速反应能力和应变能力。

2.3.3 云计算与非营利组织信息披露体系嵌套

非营利组织是有别于政府组织、营利组织的各种非政府、非营利性组织的总称，是来解决政府做不了或做不好、市场不好做或者交易成本太高的工作，它提供部分公共物品与服务，强调个人奉献、成员互益等价值观念，具有民间性、非营利性、自治性、志愿性、非政治性、非宗教性和非分配约束性等七个特征（张纯，2007；程博等，2011）。综上所述，结合非营利组织的特点，基于云计算构建非营利组织信息披露框架体系，如图 2.6 所示。据图 2.6 可知，云架构层次分为数据层（infrastructure as a service，IaaS）、服务层（platform as a service，PaaS）、应用层（software as a service，SaaS）三层。IaaS 层在云计算基础设施上存储和管理数据资源，高质量的数据源才有可能按照信息使用者需求提供可利用的信息，因而，IaaS 是非营利组织信息披露的基石；PaaS 层是系统的核心，将非营利组织信息源组件按照 web service 标准进行封装，并能通过商业巨擘和工作引擎进行业务流程建模；SaaS 层直接向信息使用者提供信息服务，信息使用者可以登录一站式的云服务平台门户，直接使用系统提供的服务，也可以通过资源目录和交换体系进行数据注册、发布、交换和服务调用（周红伟和李琦，2011；张以文等，2011；程博等，2012）。非营利组织的信息披露属于公共云范畴，非营利组织利益相关者通过公共云获取信息，XBRL 可以为信息使用者提供多样化和个性化的信息，满足不用使用者的不同诉求。

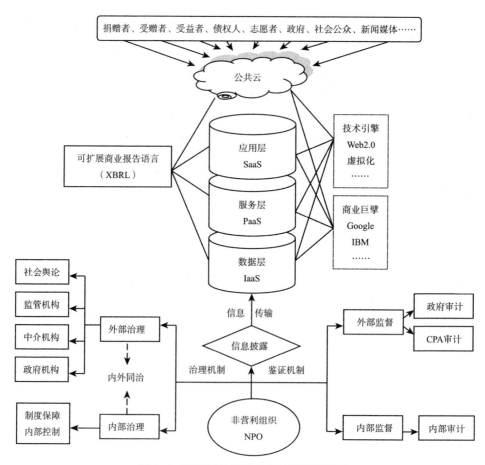

图 2.6　基于云计算的信息披露框架体系

　　"垃圾输入 – 垃圾输出"（garbage in-garbage out）是计算机模拟研究中一条著名的原理，如果输入的信息是垃圾，则输出的信息也必然是垃圾（张功耀，2004）。非营利组织属于公益性组织，提供公共物品或服务配送，强调个人奉献、成员互益的价值观念，各利益相关者渴求真实、公允、透明的信息。因而，信息透明度是运作良好的非营利组织治理体系的基本要素，同时也是非营利组织运作和管理一个重要原则。为了规范和促进非营利组织的发展，提高信息透明度和社会公信力，必须保证非营利组织信息输出的质量。图2.6 基于云计算的信息披露框架体系中为了保证信息的质量，要求非营利组织从鉴证机制和治理机制两方面制衡。非营利组织在对外披露信息时，需要审计师进行审计，为了实现审计目标，保证信息质量，建立财务报告三审制度（内部审计、CPA 审计、政府审计），实现三审驱动、螺旋渐进鉴证机制；为了保证信息质量，要加强非营利组织治理，实现内外同治。内部治理主要从非营利组织内部制度和内部控制上着手；外部治理主要包括政府机构、中介机构、监管机构、社会舆论监督四个方面。政府机构监督是指政府通过制定法律法规，对非营利组织信息披露的方式、时间、内容等进行强制性规定，例如，《民间非营利组织会计制度》《民办非企业单位登记管理条例》《基金会管理条例》《社会团体登记管理条例》等；监管机构监督是指政府赋予权力的公共管理部门或行业协会等借鉴上市公司的做法来加强监管力度，例如，《SOX 法案》《COSO 报告》等；中介机构监督的地位和作用也是毋庸置疑的，如可以建立非营利组织资信评估机构，根据非营利组织的信息披露情况，收集相关运作及财务信息并进行评级，向信息使用者提供评估结果，从而提高非营利组织信息透明度或证实组织的公信力；社会舆论监督是指社会公众通过阅读公开的文件和资料，利用新闻媒体公开发表意见，进行评价和监督（程昔武，2008）。

　　当前，中国正处于从传统社会向现代社会渐进的社会转型期，现代化建设和经济实力逐步增强，但经济建设与其他建设的矛盾日益凸显。相对于一个结构静态的、物质匮乏的社会，一个动态的、物质相对充裕的转型期社会更易引发社会动荡，各种社会矛盾更频繁，更易激化。因此，如何促进非营利组的织发展是中国社会能否成功转型的关键。信息透明度和社会公信力是非营利组织治理的一项重要指标，信息透明度高，管理运作得当的组织会受到利益相关者的青睐，从而提高组织的社会公信力；反之，则会失信于众，不利于非营利组织发展。为了建立完善的信息披露制度，确保公开信息的准确、及时和完整，减少信息不对称的逆向选择和道德风险，本书构建了云计算的非营利组织信息披露体系，实现三层架构（SaaS、PaaS、IaaS）、三审齐驱、螺栓渐进、内外同治的治理模式，旨在解决非营利组织信息质量、透明度和社会公信力的问题。

| 第 3 章 |
非营利组织信息披露治理机制研究

　　非营利组织资产的所有者是社会公众，捐赠人、受赠人、受益人三方并不是非营利组织产权的完全所有者，这一特殊产权关系形成了特殊的委托 –代理关系，而审计正是因两权分离背景下委托 – 代理的产物，如果非营利组织内部治理机制（如内部审计）对受托人（受赠人）行为约束失效或无效时，委托人（捐赠人或是社会公众）寻求外部审计监督和约束受托人（受赠人）的行为成为一种必然选择，以达到抑制受托人（受赠人）的道德风险和逆向选择的目的，从而缓解信息不对称，降低代理成本，增加信息披露的信息含量和可信度（Fama & Jenson，1983；Gul & Tsui，2001；Gul et al.，2003；程博等，2011；张立民等，2012）。事实上，非营利组织是提供公共产品和服务配送的部门，以公共问责监督运作也是提高非营利组织信息披露质量的重要治理机制之一。

3.1　以审计为导向的信息披露治理机制

3.1.1　双导向的非营利组织审计模式

　　传统的二元社会结构由政府和市场组成，"政府"失灵将导致市场价格扭曲和市场秩序紊乱，"市场"失灵将导致资源配置无效或低效。在"政府"

和"市场"双双失灵之时，产生了非营利组织，为社会提供公共产品和服务配送，与政府和市场一起，构筑了现代三元社会结构。面对"胡曼莉事件""杨澜捐款门""郭美美事件"等负面信息在媒体中纷纷扬扬，某基金、陈某某高调行善背后的种种公众质疑，再次把非营利组织公信力问题推向了风口浪尖。如何化解这场信任危机，唤起社会公众的信任和善心？

作为财务监督手段具有"免疫系统"功能的审计，此时责无旁贷要为公众揭开和解开非营利组织"运作之谜"，助推非营利组织健康有序发展。审计的发展经过了账项基础审计、制度基础审计和风险导向审计阶段，2006年财政部颁布了一系列风险导向审计准则（并于2010年进行了修订），标志着审计理论与实践正迈入现代风险导向审计。由于非营利组织是有别于政府和营利组织，是为满足公众需要而不是为了积聚私人财富而成立的组织，这是它能成为公共管理主体的重要依据（张纯，2007）。以风险导向审计的企业审计理论是否适合非营利组织审计？本书基于这种困惑为逻辑起点，通过理论分析和逻辑推演，提出以风险和公共问责双导向的非营利组织审计模式。

3.1.2　非营利组织产权属性界定

非营利组织是有别于政府组织、营利组织的各种非政府、非营利组织的总称，是为了解决政府无暇或做不了、市场不好做或者交易成本太高的事情，它提供部分公共物品与服务，强调个人奉献、成员互益等价值观念，具有非营利性、民间性、自治性、志愿性、非政治性、非宗教性、非分配约束性等重要特征（张纯，2007）。据非营利组织定义可以清晰看出，非营利组织的资产主要是以多元化的形式募集于社会公众，其来源包括非自创性收入和自创性收入，其中非自创性收入占绝对比重。非自创性收入主要由政府拨款、社会捐赠、会员会费等组成，自创性收入包括服务配送、劳务、投资收益等。

根据科斯（Coase，1937，1960）、德姆塞茨（Demsetz，1964，1967）、阿尔钦（Alchain，1972）等学者的观点，产权是一种社会工具，是指各行为主体在社会经济运行中围绕财产而建立的责权利关系，它表明一个组织可以做什么、不可以做什么，以及应该如何对其行为负责（程昔武，2008）。非自创性收入是非营利组织收入的主要资金来源，由于非营利组织筹集资金一般不需要偿还，且具有非分配约束性的特点,非营利组织拥有、占有这部分资金,意味着原资产所有者不再享有对该资产的占有、使用、收益、支配等权利。

为厘清产权关系,以捐赠为例,捐赠人提供给受赠人(非营利组织)资产,委托受赠人运作,提供公共产品和服务配送。对于捐赠人而言,捐赠成立时,意味放弃了资产的所有权;受赠人接受捐赠后,对资产具有控制权,但不具有剩余索取权;受益人不是受赠人,而是一个特定的群体,是受赠人提供公共产品和服务配送的服务对象,受益人可以从受赠人处获益,但并不能成为拥有所有权的实体。非营利组织作为"社会公益人"而非纯粹的"经济人",其资产具有公益属性。因此,非营利组织资产的所有者是社会公众,捐赠人、受赠人、受益人三方并不是非营利组织产权的完全所有者,其关系如图3.1所示。

图 3.1 捐赠人、受赠人和受益人三方关系

3.1.3 非营利组织的审计导向分析

审计是委托-代理的产物,因财产所有权与经营权分离而诞生。其职责是通过取证以证实经济活动与经济事项认定与既定标准的符合程度,并将结果传达给有关使用者(中国注册会计师协会编,2011)。审计主体、审计客体、审计委托人三方关系是现代审计的典型特征,风险导向审计要求注册会计师在审计时,要实施风险评估程序,识别和评估财务报表重大错报风险。然而,非营利组织的财产所有者属于社会公众,捐赠人、受赠人、受益人三方并不是非营利组织产权的完全所有者,以其作为审计委托人显然并不适宜。非营利组织旨在实现公益使命,没有与组织利益相关的股东、董事、理事等,没有像营利组织一样的利润和相应的业绩考核。如果直接照搬营利组织的风险导向审计,并不能完全发挥审计的功能。对非营利组织的审计,不仅仅是实施风险评估程序,设计和实施进一步审计程序应对评估的错报风险并纠正被审计单位的重大错报,根据审计结论发表恰当的审计意见，而且应对非营利组织内部控制、治理机制等方面进行审计，从而促使提高非营利组织组织绩效和社会公信力，避免责任缺失和败德行为，推动非营利组织健康和和谐发展（程博等，2011）。

如何才能使非营利组织审计做到这一点呢？本书认为，针对非营利组织的特点，构建双导向审计：风险导向审计和公共问责导向审计。由于风险导向审计前文已提及，在此不再赘述。何谓公共问责导向审计呢？公共问责是针对掌握公共权力的部门提出的，这类组织必须以责任为基础。早期的非营利组织问责源自16世纪《普通法》，该法指出政府应该针对慈善信任制定出一套监督机制。非营利组织是提供公共产品和服务配送的部门，包含了大量的社会责任，社会公众逐渐认识非营利组织商业活动透明度的重要性，以公共问责监督运作是切实可行的。里特（Leat，1988）认为非营利组织问责包括运用财务收支问责、遵守规则过程问责、确保工作质量和工作效果问责以及重将工作相关性与适当性放在优先位置问责四个方面。韦伯（Weber，1999）进一步对公共问责进行了扩展，认为应包括个人道德、专业伦理、组织绩效、治理能力等问责。对非营利组织所涉及的问责对象虽然是多元的（如政府、社会公众、新闻媒体、捐赠人、志愿者等利益相关者），但是问责内容基本一致。

在对非营利组织开展审计工作时，审计师应树立公共问责导向审计理念，重视非营利组织利益相关者的诉求，以提升组织的责信度、信息透明度为核心，强化监督机制，促使非营利组织以更周全的责信标准来实现公益性使命。借鉴美国、日本、德国、英国、印度等国做法，结合我国非营利组织的特点，构建双导向、三审、内外同治的非营利组织审计导向图，如图3.2所示。

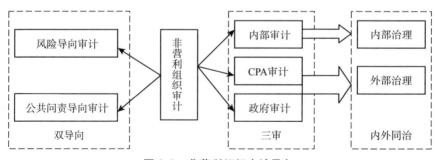

图 3.2 非营利组织审计导向

由图 3.2 可知,在非营利组织审计中要贯彻风险导向审计和公共问责导向审计的双导向理念;建立财务报告三审制度,即实行非营利组织内部审计、注册会计师审计、政府审计三种审计制度的治理模式;实现由内向外、内外结合、内外同治,从而提高社会捐助的热情和非营利组织的社会公信度。

3.1.4　非营利组织审计导向的逻辑推演

非营利组织治理以应信息披露机制为基础,坚持公开、公平、公正、透明的原则,协调好捐赠人、受益人等方方面面的关系,最大限度地提供公共产品和有效服务配送,完成公益性使命。组织治理受内外部环境和资源的约束,在组织制度和管理机制引导下,通过制定战略发挥作用(程昔武,2008)。组织使命是组织在一个特定时期努力追求的主要成就,即组织的战略目标。良好的组织治理,将使组织的目标更清晰,为组织详细的操作和业务计划执行奠定基础。一个健康的非营利组织,必须有健全的治理机构、完备的治理机制和清晰的战略目标。

非营利组织治理的好坏很大程度上决定非营利组织发展的方向和如何高效完成公益性使命(即组织治理影响组织使命)。非营利组织存在不以营利为目的,旨在完成公益性使命,不进行分红或利润分配,而是将利润用于组织使命的实现,在资金筹集、资金使用和组织运作等方面都不同于营利组织,从而对审计师提出了更高的要求(即组织使命影响审计导向)。当务之急,为提升组织社会公信力和持续发展的动力,有必要贯彻双导向的审计理念。简而言之,非营利组织使命催生审计导向演变,而审计导向又对审计功能产生内在作用力,这种关系可用图 3.3 来表示。反过来,审计功能既是审计导向的外在体现,又是组织治理完善的催化剂。图 3.3 中的组织治理和组织使命是非营利组织的自身层面,审计导向和审计功能是其审计层面,两个层面四个维度相辅相成,共同构成"治理-审计-治理-审计"的闭循环。

综上所述,非营利组织是不以营利为目的而以慈善和人道救助救援为宗旨的公益性组织,其产权归属于社会公众,捐赠人、受赠人和受益人都不是非营利组织完全产权所有者。鉴于此,针对我国非营利组织特点,本书构建了基于风险导向和公共问责导向的双导向审计模式,形成了双导向、三审、内外同治的非营利组织审计架构，实现"三车齐驱、螺栓渐进"的治理模式，并由内向外，实现内外同治，从而提高社会捐助的热情和非营利组织的社会公信度。同时，为了进一步认识非营利组织审计导向的重要地位，本书还探讨了非营利组织审计导向演变的逻辑关系，这一方面为非营利组织审计提供指导思想，另一方面也为非营利组织治理机制理论研究提出了新的研究视角。

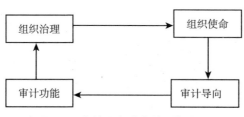

图 3.3　审计导向演变的逻辑关系

3.2　非营利组织审计路径分析

近年来，一系列非营利组织违纪违规、责任缺失和败德行为事件的出现，导致非营利组织产生了信任危机，从而使得非营利组织处于一种"贫血"的尴尬局面。而具有"免疫系统"功能的审计，责无旁贷要为公众揭开非营利组织"运作之谜"，让公众看到一份高质量、高透明度的财务报告。这不仅可以加强非营利组织信息披露及其治理，而且对提高社会公众信心和激发社会公众善心将产生积极意义。

3.2.1　非营利组织审计线索

审计自西周"宰夫"一职至今，行使监督和鉴证经济活动的职能，有效遏制了违法违纪、责任缺失、败德行为等，但经济案件时有发生，被审计单位管理层和会计人员特有的"智慧"，舞弊手段多样化，通过精心策划和包装，难以直接从财务信息以及财务信息之间的钩稽关系来识别错报，弄虚作假方式更隐蔽，增加了审计难度。非营利组织以实现社会公益使命为存在目的，为社会公共物品与服务配送的非政府、非营利组织。财务管理活动主要包括收入、支出、资产、负债、基金、结余管理，以获取并有效使用资金，最大限度地实现组织的使命为财务管理目标。日常运营活动主要是将从资财者筹集的资金，通过一定渠道和方式向受益者提供公共产品和服务配送，运营活动中伴随着业务流、资金流、实物流、信息流，如图 3.4 所示。

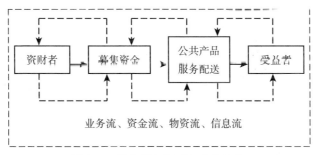

图 3.4 非营利组织财务业务流程

如何从运营活动每一环节中识别重大错报，揭示事物的真相呢？审计师在审计过程中，要对非营利组织综合信息进行横纵结合、内外结合、财务环节和非财务环节结合、财务信息和非财务信息结合来搜索和挖掘有价值的审计线索（杨明增，2011；黎仁华等，2011；刘永泽和张亮，2012），并识别和评估重大错报风险。常见的审计线索可以归纳三类：由外向内、由内向外、内外结合的方式（程博，2012）。

3.2.1.1 由外向内

由外向内是审计师发现搜寻审计线索的常规方式，其机理源自于"洋葱模型"，表层是显性的，中间层和核心层是隐性的，审计活动中很难直接透过表层洞悉中间层和核心层。核心层驱动和影响中间层，中间层又驱动和影响表层，如何识别和评估重大错报风险，就在于如何去"剥洋葱"，前几片也许没有发现什么，但在剥的过程中总有一片会刺激审计师视觉，进而发现小线索（疑点）。以小线索为起点，查证非营利组织资金流、物资流、业务流以及信息流，顺藤摸瓜挖掘大线索，大线索带出舞弊和重大错报。

3.2.1.2　由内向外

"剥洋葱"是审计工作中的一门"艺术"，由于受到审计师执业能力、素养、经验等限制，并非每位审计师都能"剥出"舞弊和重大错报。堡垒往往是从内部攻破的，在挖掘审计线索时，可以反其道而行之——由内向外。由内向外的方式是指审计师在审计工作中做好信访工作，发动群众、相信群众，设立举报邮箱、电话、论坛、奖励措施等来挖掘审计线索，尤其是关注接近或者掌握内幕的内部知情人来获取和感知非营利组织运营过程中的微妙变化，实施不可预见审计程序，更多关注财务活动的各个环节，从而识别舞弊和重大错报。

3.2.1.3　内外结合

非营利组织的组织形式多样化、业务运作的差异化，其审计不同于营利组织的审计，增加了审计的难度。加上舞弊行为的故意性、隐蔽性以及传统审计程序和方法的固有限制，采用单一搜索审计线索的方式和常规审计程序进行审计往往难以奏效。行之有效的方法是将由外向内、由内向外两种搜索审计线索的方式结合起来（即内外结合），实行知情人"爆料"、审计师"剥洋葱"的里应外合方式，以"爆料"的疑点为线索，采用"剥洋葱"方式由外向内查验，势必事半功倍，不仅提高审计的效果，而且提高审计工作效率。

3.2.2　非营利组织具体审计路径

通常将审计业务分为对历史财务报表的审计（财务报表审计）、被审计单位经营效率和效果的审计（经营审计）、遵守法律法规、程序规则的审计（合规性审计），基本上都是以事后审计为主，反馈的信息滞后，难以起到预防和控制作用，从而使得审计价值并没有完全得到实现。非营利组织有别于营利组织，不以营利为目的，其审计路径与营利组织审计也存在一定的差异性。为了分析非营利组织审计路径的选择问题，我们按照审计介入时间，将审计路径分为事前审计、事中审计和事后审计、综合审计四类，如

图 3.5 所示。

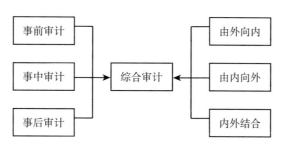

图 3.5　非营利组织审计路径与审计方法

3.2.2.1　事前审计

事前审计是对项目计划和项目方案的审计，是一种前瞻性、预防性审计。非营利组织在运作每一项目之前，势必有一份详细的计划，审计师要以保障项目顺利实现为目标，加强预算、计划、预测和决策的审计，摸清自身财力情况，分析预算收支结构，检查不规范、不合理的预算情况，进而分析内部控制的风险关键点、找出控制薄弱环节并进行控制测试，将风险降低至可接受水平，从而保证项目的可行性和提高信息透明度。前审计长李金华提出，要改变以前单纯的财务收支审计，将事后审计向事前审计转移，着眼于企业决策和风险评估的审计，提前识别和评估重大错报风险，做到未雨绸缪，防患于未然。

3.2.2.2　事中审计

事中审计是对非营利组织日常业务运作过程的审计，检查财务收支、资金和物资流动情况，以便及时发现并纠正差错和舞弊行为、控制偏差、督促责任人勤勉尽责。这种审计路径便于实时动态掌握被审计单位情况，对被审计单位进行过程控制，从而保证运用活动的合法性、合理性和有效性。相对而言，审计师实时跟踪，动态控制，审计成本较高。

3.2.2.3　事后审计

事后审计是指审计介入的时间是被审单位经济业务完成以后，是一种常规的审计路径，被广泛采用，主要是对财务报表公允性、合法性以及经营程序的方式方法与经营绩效等方面的审计，着重于对经济活动的鉴证和评价。这种审计路径广泛用于年度财务报告审计、绩效审计等方面，是一种静态的审计，侧重于鉴证和评价，制约了审计"免疫系统"功能的发挥。

3.2.2.4 综合审计

究竟选择哪种路径，没有固定的范式，理论上审计介入越早，审计效果就会越好。对于非营利组织而言，存在资财者监管动机薄弱、缺乏有效的组织内部监督机制和竞争机制的问题，单纯的事后审计路径已不能完全对其运营活动做出全面、科学、准确的评估，有必要将审计介入时间前置，加强事前和事中的审计力度，做好事前和事中预防和防范，将静态审计和动态审计结合，形成一种事前、事中、事后审计有效结合的综合审计路径。综合审计亦称跟踪审计，是审计创新发展的新兴审计路径，其机理源自于时任审计长刘家义提出的"免疫系统"理论，通过实施"提前介入、全程跟踪、着眼预防、着力防范"的跟踪审计模式，在我国"非典"防治、洪涝灾害、低温冰冻雨雪灾害救灾和抗震救灾等审计中发挥重要的作用。

审计是非营利组织治理的重要手段，审计路径是从事审计实践活动不可或缺的重要工具，是审计工作的思想方法和工作导向，关系着审计"免疫系统"功能发挥。选择合适的审计路径，立足服务、灵活变通、促进机制制度的建设，运用合理的审计线索搜索和挖掘方式，是提高非营利组织信息质量和信息透明度的有效手段。进一步完善非营利组织治理机制、完善审计制度，加大非营利组织监管力度，使非营利组织在"阳光下披露"，成为"玻璃做的口袋"，从而提高信息透明度和社会公信力。2011年8月，民政部公布了公益慈善领域第一个信息披露行业规则和首届中国城市公益慈善指数在安徽芜湖发布，标志着中国公益慈善事业进入可量化监测评估时代；同年12月，财政部和民政部下发《关于加强和完善基金会注册会计师审计制度的通知》，该通知对构建多层次、全方位的审计体系、审计经费的来源与方式、会计事务所选聘和方式等方面做了详细的规定，要求依法披露财务会计报告和审计报告，进一步规范基金会的行为。

3.3 非营利组织公共问责机制分析

3.3.1 非营利组织公共问责必要性

由于政府不善于提供公共产品和服务配送，而非营利组织不仅与社会公众联系紧密，而且在提供公共产品和服务配送方面具有优势。从本质上来说，非营利组织存在目的是为社会提供公共产品和服务配送，作为政府部门的有益补充。非营利组织问责机制源自 16 世纪英国的《普通法》，该法指出政府应该针对慈善信任制定出一套监督机制。非营利组织问责旨在促进非营利组织资金的合法、合理、有效使用，所披露的信息公开、公平、客观、真实，进而提高信息披露质量和资金的使用效率，实现其提供公共产品和服务配送的职能。当前，非营利组织信息披露失真、信任缺失的背景下，对其行为不当进行问责尤为重要。非营利组织问责主体是问责行为的实施者，主要包括捐赠者、立法机关、司法机关、行政机关和社会舆论五类。问责内容包括财务收支、制度遵守、工作质量与效果、个人道德、专业伦理、组织绩效、治理能力、信息披露等方面（Leat，1988；Weber，1999）。

3.3.2 非营利组织公共问责流程分析

通常而言，非营利组织公共问责流程可以分为责任认定、处罚处理、改进建议三个阶段，如图 3.6 所示。

在责任认定阶段，问责主体（捐赠者、立法机关、司法机关、行政机关和社会公众）根据非营利组织运营状况测试和评价其受托责任的履行情况。运营合规性和运营绩效是测试和评价两个重要维度。

捐赠者以各种形式和方式向非营利组织提供捐赠，他们（政府、企业和个人）有权对非营利组织获得资源开展活动以及如何去开展活动有知情权和监督权，也是最重要的问责主体之一。以立法机关、司法机关、行政机关为

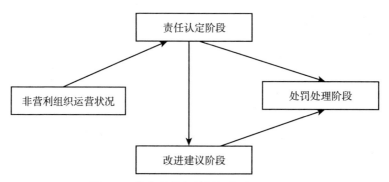

图 3.6　非营利信息披露问责流程的结构

问责主体，在责任认定过程中发现存在违法、违纪、违规的，对当事人进行行政处罚、情节严重的移交司法机关追究刑事责任（冯均科，2009）。以社会公众为主的社会舆论问责虽然对非营利组织及其责任人无法律约束，但社会舆论可以监督和约束非营利组织及其责任人的不当行为，并且还会引起行政主管部门的重视，从而实现其治理职能。

认定阶段测试和评价中发现非营利组织未履行或者未完全履行受托责任时，应进一步分析其原因，哪些是可以控制的，哪些是不可控制的，查找管理漏洞和制度漏洞，避免再出现类似现象，防患于未然。

3.3.3　非营利组织公共问责保障机制

非营利组织公共问责制度的运行，既需要内部的协调，又要外部的支持，两方面有机结合，才能达到预期的效果。为确保公共问责三个流程顺利进行，需要以下内外部保障机制。

（1）外部保障机制。首先，2016 年 3 月 16 日，第十二届全国人大四次会议审议通过了《中华人民共和国慈善法》（2016 年 9 月 1 日起施行），为规范慈善机构这类非营利组织行为提供了法律保障。其次，公共问责制度的建立和健全，离不开政府主管部门（如民政部门）的支持，建立行政机关为主体的常态问责机制，对非营利组织及其责任人的行为更具有约束力。最后，社会舆论是公共问责的一个重要外在推力，现代社会的互联网、自媒体为社会民众关注、监督和支持非营利组织发展提供了一个很好的载体，也使得公共问责更有刚性。

（2）内部保障机制。良好的内部控制对非营利组织发展战略、运营等方面全程监控，有助于非营利组织提供公共产品和服务配送。因此，一方面，可以借鉴财政部相继出台的《企业内部控制基本规范》（2010 年）和《行政事业单位内部控制规范》（2012 年），结合非营利组织公益性属性特征，构建非营利组织内部控制框架体系，强化组织价值观控制和服务绩效控制；另一方面，应建立健全非营利组织内部审计机构，对日常运营、内部控制等方面进行审计，加强对资金使用、商业化运作、信息披露等方面的监控，强化内部治理，提高非营利组织管理绩效、运营效率和信息透明度，外树形象，提高社会公信力，从而实现可持续发展目标。

| 第4章 |

非营利组织筹资策略的理论分析

　　"政府"和"市场"双双失灵之时，产生了非营利组织，构筑了现代三元社会结构。作为第三部门的非营利组织，为社会提供公共产品和服务配送，在中国的转型社会中肩负着太多的责任，其发展状况是中国社会能否成功转型的关键。然而，资金"瓶颈"制约着中国非营利组织的生存和发展。众多学者已从政治学、行政学、社会学、管理学、经济学以及治理与善治等视角研究非营利组织存在的必要性和作为社会公益人不断演进的价值及意义。迄今为止，系统研究非营利组织筹资策略的文献较少。因此，本章尝试从利益相关者视角进行探索性研究，建立公共关系概念模型，提出了一系列非营利组织筹资策略，为我国为非营利组织筹资提供指导意见，试图缓解或解决其所面临的主要困境，以实现健康可持续发展。

4.1　问题的提出

　　传统的二元社会结构由国家（政府）、市场（企业）组成。政府由于对公共物品配置的非公开、非公平和非公正行为，或对非公共物品市场的不当干预而最终导致市场价格扭曲、市场秩序紊乱等现象（即政府失灵）；由于市场垄断和价格扭曲，或对于公共物品而言由于信息不对称和外部性等原因，导致资源配置无效或低效，从而不能实现资源配置零机会成本的资源配置状态（即市场失灵）。在"政府"和"市场"双双失灵之时，那么由谁来在提供社会公共产品、配送公共服务呢？市场选择理论、合约失灵理论和第三方管理理论告诉我们，这必将产生第三部门——非营利组织（NPO）[①]，来解决政府做不了或做不好、市场（企业）不好做或者交易成本太高的工作，这就构建了以国家（政府）、市场（企业）、第三部门（NPO）组成现代三元社会结构（张纯，2007）。所谓非营利组织是有别于政府组织（第一部门）、营利组织（第二部门）的各种非政府、非营利组织的总称，它提供部分公共物品与服务，强调个人奉献、成员互益等价值观念，具有非营利性、民间性、自治性、志愿性、非政治性、非宗教性等重要特征。非营利组织是为满足公众需要而不是为了积聚私人财富而成立的组织，这是它能成为公共管理主体的重要依据（张纯，2007）。正因为非营利组织不同于政府和营利组织，其财务治理和财务管理也有着不同之处。很多学者已从政治学、行政学、社会学、管理学、经济学以及治理与善治等视角，论证了非营利组织存在的必要性和作为社会公益人不断演进的价值及意义。

非营利组织虽以实现社会公益使命为存在目的，但首先要保证组织的存在和基本运作，必须筹集一定的资金，其次才是实现社会任务。要填补政府和市场的空档，提供有效的公共服务，必须要有进行有效的筹资，因而可以说非营利组织筹资的成败，决定着非营利组织的存在和发展方向。本章基于利益相关者视角，探讨非营利组织筹资问题，对于深入复杂环境下非营利组织筹资行为和策略具有重要的参考意义，同时也为非营利组织的相关理论提供中国的经验，指导非营利组织进行有效的筹资，提高筹资经济效益和社会效益。

4.2 文献综述

自斯坦福大学研究所（Stanford Research Institute，1963）、雷恩曼（Rhenman，1964）提出利益相关者概念后，利益相关者理论得到了快速发展，也被

---

① 国际学术界对非营利组织概念界定并没有统一，常见的表述是：非营利组织（non profit organization，NPO）、非政府组织（non government organization，NGO）、社会中介组织（social intermediary organization，SIO）、第三方组织（third sector）等。

学术界和实业界的广泛认可。弗里曼（Freeman，1984）进一步明确了利益相关者理论，认为能影响组织的经营目标，并被组织经营目标所影响的人群。根据弗里曼的观点，组织利益相关者包括股东、债权人、管理者、员工、客户、供应商、政府、企业所处的社区等。普费弗和萨兰西克（Pfeffer & Salancik，1978）认为利益相关者控制企业或者组织的资源，而这些资源可以促进或提高组织决策的执行情况，进而影响组织绩效。英国学者克拉克逊根据相关者群体与组织联系的紧密程度将利益相关者进一步分为与组织生存有密切关系的一级利益相关者（包括投资者、雇员、消费者、政府、社区、供应商等）和受组织间接影响的群二级利益相关者（包括非政府组织、社会团体、媒体及某些特定的利益集团等）（王立君，2009）。卢克等（Luk et al.，2005）、格里利等（Greenley et al.，2005）提出了利益相关者导向概念，是指组织对各种利益相关者利益集合关注的积极有序态度，并通过组织资源和能力的分配来满足这些利益要求的一系列的管理行为，是组织应对外界环境变化的应对措施。何新明（2006）以我国数据为基础来验证利益相关者导向与企业绩效间的关系，研究结果发现，利益相关者导向对企业的绩效具有积极影响。纪建悦等（2009）从利益相关者视角出发，综合价值链理论、契约理论和期望理论，深入剖析了利益相关者影响企业财务绩效的内在机理，指出利益相关者满足是影响企业财务绩效的关键因素，并在理论上分析了实现企业财务绩效最大化的条件。在此基础上，采用面板数据模型对中国上市公司数据进行了实证检验。

　　对于非营利组织来说，非营利组织作为"社会公益人"而非纯粹的"经济人"，其提供的公共产品和服务配送会对多个利益相关者产生影响。因而，其利益相关者比营利组织要复杂得多。林钟高等（2005）按是否存在有效契约的标准将利益相关者划分成两大类：一类是由契约规定双方权利和义务的利益相关者，包括资源提供者、理事会及其成员、管理者、目标受益者、志愿者和其他员工、政府部门等；另一类是没有契约关系的利益相关者，例如，社会公众、社区及其成员、媒体、民间评估机构、竞争者等。周美芳（2005）提出上述第一类利益相关者进行了一定的专用型投资，一般来说是内部财务治理的主要参与者；第二类利益相关者虽然没有直接对非营利组织进行专用性投资，但对非营利组织的财务政策和方针、运作能施加影响，或者间接受到非营利组织财务活动的影响，他们应当作为外部财务治理的主体。尉俊东等（2006）从公共服务营销的角度，据组织受益人的特质，非营利组织划分为以公众、顾客、成员为导向的三类组织，分析了这三类组织的行为特征，并就当前事业单位改革的实际，探讨了我国事业单位改革的方向与治理模式。于国旺（2007）提出利益相关者共同参与是非营利组织财务治理的选择。认为在现代市场经济条件下，非营利组织实质上也是多边契约关系的总和，其目标不是唯一地追求资源提供者的利益最大化，而是应当实现社会公益最大化，要从总体上顾及各利益相关群体的价值诉求。

总之，国内外学者基于利益相关者视角对营利组织进行大量的研究，对非营利组织研究文献相对较少，因而可以借鉴学者对营利组织的研究经验，将其引入非营利组织筹资领域，来探索筹资过程中的资财者、理财者的行为，以及相关利益者行为和诉求，从而进行有效的筹资，更好地实现非营利组织的社会使命。

4.3　基于利益相关者的公共关系概念模型

资源依赖理论（resource dependence theory）指出，各种组织都要依赖它们的任务环境获取生存所需的必要投入（Luk et al.，2005）。对非营利组织而言，如何更快、更好、更有效地获取所急需的外部资源是其成长的重要途径。大量研究表明，社会关系网络是组织获取资源的一种重要渠道与方式（汪军良，2001）。"关系"是一种特有的社会关系网络形式，是理解个人及组织行为特征的一个重要维度。在我国，国家（政府）、市场（企业）、第三部门（NPO）三大组成部分构筑了现代二元社会，三大体系彼此融合、相互交叉，形成错综复杂的网络关系。不同的学者对关系做了不同的界定，杨（Yang，1994）对关系的认识和分析引起了学术界更多的关注，她认为从字面上看，关系就是指存在于物体或人们之间的某种联系。当人们用其来描述彼此之间存在的一种联系时，不仅仅包括常见的联系（如夫妻、血亲、朋友），还可以表示含有隐性互惠互利的广泛的社会联系。中国文化强调一个人在关系网络中的位置和针对不同的人应采取的不同态度和行为，与西方文化强调自我和独立意识不同，中国的关系由此呈现出一种"以己为中心"，由近及远的"差序格局"，是"以人伦为经，以亲疏为纬"的人际网络（费孝通，1948）。按照关系的联结强度，可以将其划分为两种类型：强关系与弱关系①。一方面，社会关系作为获取外部资源的一种重要渠道，无论强弱关系，在这一过程中都会起重要的作用，行为者会主动与外部建立同时包含有强关系与弱关系在内的各种社会关系，从而依靠社会关系去寻求某种帮助。另一方面，必须是在获得的可能性（或获得的方便性）以及有效性基础上方显其"力量"（姚小涛等，2008）。

非营利组织不以营利为目的，在筹资过程中，除借款外，一般筹集的资金不需还本付息，这是区别与营利组织筹资的一个特点。非偿还性和志愿性等特点，这就要求非营利组织在筹资时，必须和利益相关者保持良好的社会关系，维系和增强利益相关者的关系是非营利组织理财的一个重要职责。本书借用林钟高等（2005）、周美芳（2005）、尉俊东等（2006）学者的分类标准，将非营利组织利益相关者分为政府、营利组织、非营利组织、个人四类，并建立以下关系概念模型（如图4.1所示）。

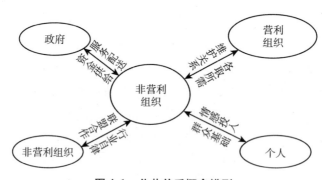

图4.1 公共关系概念模型

图4.1表述了非营利组织与四类主要利益相关者之间的关系，具体阐述如下。

---

① 弱关系起作用主要是在信息的流通方面，而强关系的力量则体现在获得影响力较高的帮助上面。

4.3.1 非营利组织与政府的关系

在现代社会结构体系中，政府掌控资源的同时，又提供公共服务；由于在制度上交叉，有不合理性，政府提供公共物品花费的交易成本会比利用非营利组织提供高得多，因而应该分工，政府必然会拿出一部分资金来办社会公益事业。这与非营利组织使命相同，非营利组织要积极争取政府的资金支持。同时，非营利组织实现组织使命是提供公共产品、服务配送，辅助政府实现其公共管理和服务职能。只有在非营利组织提供的服务不足或效率不高的情况下，政府才能发挥补充作用。政府的介入不是对非营利组织的否定、替代，而是补充、推进。学者对非营利组织与政府的合作关系、划分其模式和内容等方面做了大量的研究，例如，高猛和赵平安（2009）从建构主义视角定义了非营利组织与政府的合作关系，指出两者的关系不会凭空出现，需要双方共同建构生成，包括政府支持非营利组织运作（后勤式）、政府委托非营利组织经营（委托式）、政府购买非营利组织生产或服务（购买式）三种①。

4.3.2 非营利组织与营利组织的关系

创新是现代社会进步的主题，非营利组织与营利组织合作模式随着经济的发展也在不断的创新。共同解决社会问题作为一种新的公益活动运作模式正成为许多非营利组织首选的方式之一，营利组织基于社会责任参与公益活动的风潮也日益蓬勃，越来越多的营利组织把与非营利组织建立伙伴关系作为自身在社会公共领域中的树立形象基本策略。同时，营利组织是非营利组织最大的潜在投资者和捐赠者，与营利组织合作，保持良好的关系，非营利组织募集运作资金，营利组织实现自身战略部署，各尽所能，各取所需。当然，合作的参与程度、类型决定了合作的收益（Whohlsterter et al.，2004）。从资源的角度看，合作过程中参与者数量越多，合作关系可利用资源也越多，

---

① 政府购买非营利组织生产或服务。政府作为公共物品的购买者，非营利组织以投标竞标的方式获得某种或某类公共产品的生产者资格，而受益对象则是该产品的"消费者"。

对合作绩效影响越大（Andrea & Andrea，1994）。营利组织与非营利组织的存在目的和使命不同，其合作的利益冲突相对较少，为了维护良好的合作关系，需要通过契约和信任来控制合作风险和收益分配。并且合作组织各层次的沟通和双向流动是非常必要的，它是提高组织承诺和信任的先决条件（Morrow et al.，2004）。赵文红等（2008）认为，非营利组织与营利组织的合作不同营利组织战略联盟的特性：不仅仅表现为合作双方内部的交互作用，强调合作过程中合作双方紧密程度，而且更多地表现为与合作外实体的新的交互关系（Lawrence et al.，1999），强调合作过程中与服务对象、政府部门、其他非营利组织等外部组织和公众的关联程度，在这个意义上，双方的信任关系对直接效果起到了中介作用（赵文红等，2008）。

4.3.3　非营利组织与非营利组织的关系

非营利组织是为满足公众需要而不是为了积聚私人财富而成立的组织，这是它能成为公共管理主体的重要依据。正应为非营利组织有共同的愿景和使命，在实现社会使命时，合作也是常见的运作模式，合作形式是多样的，包括资金的支持、技术联盟、志愿者调配等。虽然非营利组织都是为社会提供公共物品和服务的使命，但非营利组织具有自治性的特点，各非营利组织必将产生利益冲突，一方面，借助制度（法律、政策等）去消除它，另一方面，要成立行业协会或职业协会的自律性组织去约束其行为。中国非营利组织与西方国家相比，起步晚，规模相对较小，而且民间阶层的非营利组织较多，势必进行合作联盟，实现高效服务配送和公共产品供给。此外，有些非营利组织提供公共产品或服务并取得一定的收入，看起来像是营利组织，称之为企业型非营利组织；有些非营利组织收入完全来自社会的捐赠，但并没有直接提供公共产品和服务，如宗教团体和慈善团体等，称之为捐赠型非营利组织。由于分工不同，非营利组织之间合作是非营利组织发展的趋势，随着社会发展，单一的组织无法实行全方位的服务，必然需要专门提供公共服务的非营利组织（服务型非营利组织），或者从资金募集到提供公共服务的综合型非营利组织。其关系如图4.2所示。

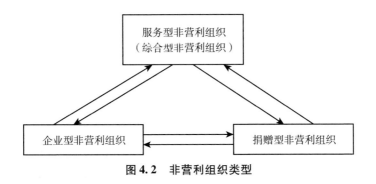

图 4.2　非营利组织类型

4.3.4　非营利组织与个人的关系

非营利组织生存、发展离不开人的因素，如优秀的管理者、专职工作人员、志愿人员、拥护者和支持者群体。从关系主义理论来看，个体和集体的利益及其边界是动态的，因为它们是植根于个体与个体、个体与集体、集体与集体的关系之中的。一个行动个体，如果生活在伦理本位、关系导向的文化中，那么他/她的基本行为准则就是"划圈子"：最外围是熟与不熟的圈子，熟人之中是亲与不亲的圈子，核心圈是既熟又亲再加上义、利高度一致而达到的信任。也就是说，与个人主义、集体主义文化中的权、责、利相对应的，关系主义文化中的行为规则是熟、亲、信（边燕杰，2010）。对于非营利组织而言，建立一个相对稳定的社会关系网络，加强与捐赠者、志愿者等之间沟通与联系，加大感情投入，实行合理的激励方式，进行有效的人力资源管理，也将在筹资中收到意想不到的效果。

4.4　筹 资 策 略

在全球治理架构下，非营利组织不仅在公共政策制定中扮演关键的角色，而且是社会经济发展及政治参与的主要动力。但是非营利组织事业在我国的发展方兴未艾，究其原因，筹资不力制约着非营利组织生存和发展。如何有效解决非营利组织资金的短板，在概念模型的基础上，基于利益相关者视角，提出以下五点策略。

4. 4. 1　共同愿景：确定得到支持的理由

一个领导者的职责和价值是什么？绝不是给部下工资和奖金，而是给他愿景和信念。因为，当你觉得是你在"发"奖金时，部下却觉得是他在"挣"奖金。只有愿景和信念，是不能基层自发，而只能由领导者给予部下的①。一个组织的生存和发展靠什么？在回答这个问题上可能"仁者见仁，智者见智"。而对任何一个组织来说，如果没有共同愿景，那么奉献的行为不仅不会产生，连真正遵从的行为也不可能。因而，有没有共同的愿景，或者说愿景能不能得到利益相关者的认同，是组织生存和发展的关键（程博等，2011）。

非营利组织筹资活动成功与否，取决于政府、其他组织和个人的认同和支持。倘若没有人愿意捐款，组织筹集不到所需要的资金，组织的使命将无法完成。如何才能获得利益相关者的支持和信任呢？非营利组织必须要找到让利益相关者支持和信任的理由——共同愿景。组织的愿景是通过运用想象力勾画整个组织希望达到的目标②，共同愿景的建立虽然并不容易，但也有规律可循。非营利组织在筹资过程中，要行销组织的愿景和使命，吸引利益相关者的注意，让他们自愿或自觉加入到组织中来（集成式）；进一步凝练共同的意象和勾画组织的目标，构建共同愿景（凝练式）；再通过组织的宣传和感召，使他们将组织的事业当成重要的事业，对自己支持的、将会实现的愿景感到激动，使其从个人愿景建立共同愿景（影响式）。总之，非营利组织成功筹资的有效路径之一就是与利益相关者建立共同的愿景，要募集到资金，首要任务是行销组织的愿景，捐款人对组织使命与理念之认同，唤起社会善心或感恩回馈的情怀，确定得到支持的理由。

4. 4. 2　传筹渠道：选择合适筹资和传播渠道

据图4.1公共关系概念模型可知，在非营利组织筹资过程中，要与政府、

---

① 财务与会计·理财版［J］. 财富文摘，2010（5）：68.
② 建立愿景的三种途径：集成式、凝练式、影响式。

营利组织、非营利组织和个人建立良好的公共关系。在非营利组织筹资过程中，要选择合适传播渠道，充分利用各种媒体和介质，包括店面、杂志、报纸、电视、广播、网络等；并且根据受众，采用多种传播方式如特别活动、挨户捐助、街道募捐、直接邮寄、户外广告等（如图 4.3 所示）。

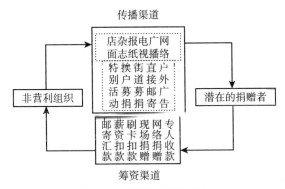

图 4.3　传播与筹资渠道

资料来源：根据黄德舜 . 非营利事业财务管理［M］. 台北：鼎茂图书出版公司，2006；张纯 . 非营利组织理财［M］. 上海：上海财经大学出版社，2007 整理而得。

心理学家赫兹伯格（Frederick Herzberg）的双因子理论认为组织成员的工作态度对绩效有决定性的影响。有效的传播渠道和方式只是筹资良好的一个开端，非营利组织针对利益相关者必须选择合适的筹资渠道，包括邮寄汇款、薪资扣款、刷卡扣款、现场捐赠、网络捐赠、专人收款等。如果不能解决捐赠的方便性、对组织操守与信用的认知，即使再好传播渠道、理念和使命，大家也不会捐钱。2010 年 9 月 14 日《新京报》报道，壹基金会①可能中断，主要是"身份"和法律结构模糊，这使其与立意相关者合作带来诸多问题，从而引发资金的募集渠道畅通。

---

① 壹基金是由李连杰先生发起成立的国际性公益组织，遍及中国内地和香港，以及美国、新加坡等国家。壹基金会与中国红十字总会合作，于 2006 年 12 月 8 日发起成立了"中国红十字会李连杰壹基金计划"，并于 2007 年 4 月 19 日在北京正式启动，是在中国红十字总会架构下独立运作的慈善计划和专案。由于篇幅有限，本书没有对壹基金展开研究，今后将对选定几家具有代表性的基金会从筹资、治理、运作模式、身份识别管理、危机管理、信息披露等方面开展多案例研究。

4.4.3　细分定位：明确筹资的目标

任何一个非营利组织，都有自己的顾客，满足顾客的需求是一个组织存在和发展的依据。由于非营利组织具有非营利性和志愿性的特点，这就要求组织有忠实的资财者作为生存和发展的后盾。因而，在筹资时，必须形成以捐助者（包括潜在已捐赠者和潜在捐助者）为中心的管理哲学，明确筹资的目标，调研和细分募集市场，进行正确地定位、定价和行销策略。

非营利组织潜在的捐助者主要包括：个人、营利组织、基金组织、慈善团体、行业和职业组织、国际赞助者、政府机构等。在筹资时，应确定募集资金的规模，做好筹集计划和活动的目标，对不同的捐助者选择不同的行销策略，推荐组织的愿景和使命，达到筹集资金的目标。细分捐助者时，可以借鉴社会距离有关理论和方法，借助美国精神医学家莫雷诺提出的社会测量法来度量关系距离①，确定捐助者的位置，绘制利益相关者社会距离图（如图4.4所示）。社会距离越近潜在捐助者，募集资金的可能性越大；社会距离较远的捐助者，缺少信任感，应积极进行沟通并采取行销策略，分别采取相应的策略去感化、劝募、建立信任等。

4.4.4　洞悉心理：情感与激励相结合

从经济学角度可将资源分为：人力、物力、财力和信息四大资源。物力和财力资源研究是经济学家早期研究的重点，1961年美国经济学家舒尔茨提出了"人力资本概念"，把目光从物力资源转移到人力资源（叶国祯，2005）。因而研究人性，洞悉捐助者的心理也是非营利组织筹资的一个重要环节。在筹资过程中，非营利组织领导层要考量捐助者为何捐助，是认同组织所提供的服务内容？是同情被服务的对象？是非营利运作模式合理有效？是组织人员素质良好？还是受领导人精神人格感召……同时，还需考虑捐助者的目的和动机，例如，利他主义（altruism）或利他行为（altruistic behavior）、广种福

---

① 社会距离，也称心理距离，是指人与人、群体与群体或人与群体之间相互认同、相互了解的程度，可分为主观距离、行为距离等。本书因主要对其利益相关者论述，对此没有细化研究。

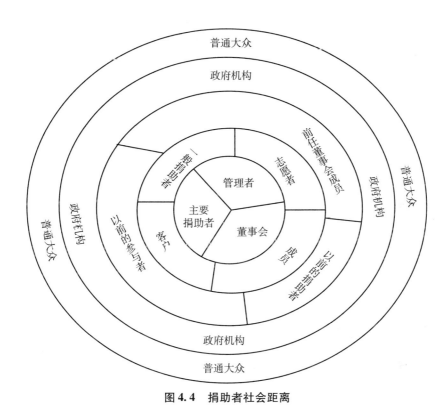

图 4.4 捐助者社会距离

资料来源：张纯. 非营利组织理财〔M〕. 上海：上海财经大学出版社，2007。

田①、利益交换、经济的诱因、认同组织的使命与负责人、提高身份地位、支持社会运动，促使政策改变或社会变迁或其他。

　　只有辨识清楚捐助者的心理状态、目的动机之后，辅以相应的激励和情感措施，才能最大限度促使筹资的成功。常见的方法有：一是对于从未捐款的捐助者，要启发善心和劝募。二是对于不了解组织愿景和使命的捐助者，要进一步推介和宣扬，做好组织使命的行销。三是对于不认同组织使命的捐助者，要想法改变其观念或者转移募集对象。四是对于对组织不满意或者持怀疑态度的捐助者，要消除顾虑、建立信任，进行有效的沟通。五是对于组织运作方式和服务模式存在疑虑的捐助者，要虚心听取捐助者的意见和建议，

---

　　① 其原意为佛家以慈悲为怀，把自己善良的愿望像种子一样播种在田土里，求众生得福，祈众生成佛。

并介绍组织的运作和服务模式，使其进一步加深对组织的了解，采纳合理建议并在组织运作及服务模式上进行改善。六是对于过去捐款不知后果与用途的捐助者，应交代捐款用途和呈报成果，加强信息披露，并定期公布组织的财务报告和工作报告。七是做好捐款记录管理，并对捐助者的特性、捐款理由与途径、金额与频率进行统计分析，通过这些项目的变化趋势以有助于区分市场，针对不同潜在捐助者提出重点不同的诉求、设计不同的募款编组与接触方式。八是定期对过去捐助者调查访问和答谢，提高其心理上参与程度，令其再度捐款；对于停止捐款的捐助者，了解停止捐助的原因，适当的人文关怀，去帮助这些曾对组织有奉献的利益相关者。九是对不同捐助者不同之诉求、期望采取有效的回馈方法，如需要公开表扬、希望领导人当面肯定、媒体报道、亲身参与等。

4.4.5 审时度势：时间、数量、成本均衡

非营利组织财务过程中，从筹资时机、数量、成本、风险因素来考量也是一个不可或缺的环节。组织管理层要审时度势，时刻关注筹资时机（早、晚）、筹资数量（多、少）、筹资成本（高、低）、筹资风险（大、小）因素的影响，避免非效率筹资[①]。第一，筹资时机。要分析组织内、外部环境，选择最有利的内外环境组合时机进行筹资，过早会导致资金限制，过晚会贻误战机，影响资金的使用，并要对资金需求时间、费用支付时间、还本时间等进行筹划。第二，筹资数量。要根据组织的目标确定资金的需求量，以用定筹，避免过剩和浪费。第三，筹资成本。除了负债融资外，一般不需要偿还，这是非营利组织区别于营利组织的一个典型的特点。但在筹资过程中，必须度量筹资成本，用最小的成本获得最大的资金保障。第四，筹资风险。应以组织能够承担多大的风险作为筹资多少的依据，保持适宜的资本结构，防止债务过多，资金链条断裂。在带来稳定现金流的前提下，把风险控制在可容忍的范围内。此外，还得建立健全财务和内控制度体系，防止公筹私用、筹资用途异化、筹资性质异化等不良现象发生。

---

① 针对非营利组织，本书将筹资不足、筹资过度、筹资限制等称为非效率筹资。

4.5 结论及局限

　　非营利组织在中国的转型社会中肩负着太多的责任，可以说非营利组织的发展状况是中国社会能否成功转型的关键。然而，当前中国的非营利组织遇到了发展的"瓶颈"，资金"瓶颈"是一个重要的制约要因。国内外学者对非营利组织的研究较多，主要从政治学、行政学、社会学、管理学、经济学以及治理与善治等视角，论证了非营利组织产生和存在的必要性，以及对非营利组织相关管理问题进行探究，但对非营利组织筹资问题研究甚少。本章在大量学者研究的基础上，借鉴学者对营利组织和非营利组织的研究经验，基于利益相关者视角对非营利组织筹资的策略进行探索性研究。首先，鉴于非营利组织不同于政府和营利组织的特点，其筹资和治理都与其相异，要保证组织的存在和基本运作，必须筹集一定的资金。非营利组织筹资活动成功与否很大程度上取决于政府、其他组织和个人的认同和支持，因而从利益相关者视角建立了非营利组织与政府、营利组织、非营利组织、个人公共关系概念模型，在筹资过程中，必须与利益相关者建立良好的公共关系。其次，在公共关系概念模型的基础上，从共同愿景、传播和渠道、细分定位、洞悉心理、审时度势五个维度提出了相应的策略，去解决非营利组织的资金短板。认为进行高效的非营利组织筹资，要与利益相关者建立共同的愿景，确定得到支持的理由，调研和细分募集市场，进行正确的定位、定价和行销策略；并且在要辨识清楚捐助者的心理状态、目的动机之后，辅以相应的激励和情感措施，针对利益相关者必须选择合适的筹资渠道。此外，还需要衡量筹资时机、数量、成本、风险因素，建立健全财务和内控制度体系来保障筹资成功，从而更好地实现非营利组织的社会使命。

　　本章从利益相关者角度为非营利组织筹资构建了一个概念框架，提出指导非营利组织筹资的相应策略，但未进行案例研究，如第 4.4 节传筹渠道方面提及壹基金会身份问题等，没有进一步深入；在细分市场进行定位的研究中，对捐助者的社会距离有待进一步研究。因而，下一步将采用实证和案例的研究方法去探索非营利组织筹资和财务治理，从多角度、多层次开展研究，并在实境中去验证，以促使我国非营利组织健康可持续发展。

第 5 章

微博自媒体、政治关联对非营利
组织审计质量影响的实证分析

外部审计作为内部治理机制的一种替代，当非营利组织内部治理机制无法有效约束管理层行为时，委托人有动机寻求外部审计对管理层行为进行监督，可以有效抑制管理层的道德风险和逆向选择，有助于提高会计信息披露质量。本章以 2005～2013 年中国社会组织网所披露的基金会为研究样本，实证检验了微博自媒体、政治关联对非营利组织审计质量的影响。研究发现，开通官方微博的基金会、无政治关联的基金会更倾向于选择高质量的审计师，旨在向外界发送有利信号，化解信任危机和获得合法性认同，提高组织公信力。进一步地，本章还发现非营利组织评估等级负向调节微博自媒体披露与审计质量之间的正相关关系。最后，研究还显示，开通官方微博的基金会倾向于选择高质量的审计师这一现象在民间性基金会、没有设立党组织的基金会中更为明显；无政治关联的基金会倾向于选择高质量的审计师这一现象同样在民间性基金会、没有设立党组织的基金会中更为明显。本章的发现丰富了非营利组织审计师选择的研究，扩展了现有文献，同时对非营利组织信息披露及其治理具有一定的借鉴意义。

5.1　问题的提出

非营利组织是有别于政府组织、营利组织的各种非政府、非营利性组织的总称，是来解决政府做不了或做不好、市场不好做或者交易成本太高的工作，它提供部分公共物品与服务，强调个人奉献、成员互益等价值观念，具有民间性、非营利性、自治性、志愿性、非政治性、非宗教性和非分配约束性等七个特征（张纯，2007；程博等，2011）。现阶段，我国正处于从传统社会向现代社会渐进的社会转型期，随着市场经济体制的逐步建立，现代化建设和经济实力逐步增强。然而，相对于一个结构静态的、物质匮乏的社会，一个动态的、物质相对充裕的转型期社会更易引发社会动荡，各种社会矛盾更频繁，更易激化。非营利组织作为现代三元社会结构体系中的重要组织部分，是和谐社会的润滑剂，在中国的转型社会中肩负着太多的责任，其发展状况是中国社会能否成功转型的关键。

近年来，我国非营利组织得到了迅速发展，尤其是南方冰雪灾害和汶川特大地震使得中国的慈善捐助出现了井喷式的增长（程博，2012a），但从全球角度来看，我国非营利组织尚处在发展的初级阶段，管理水平、信息披露等方面相对滞后，市场机制与竞争机制缺失，导致整体治理水平相对较低。非营利组织领域遭遇的一系列财务违规、慈善丑闻事件重创了行业的公信力，引起了社会公众的广泛质疑（程博，2012b），但也极大地提升了社会公众对于非营利组织信息透明度的敏感性，由此把非营利组织公信力问题推向了风口浪尖。当务之急，如何提高非营利组织治理水平是亟待解决的现实问题，也成为学术界和实务界所面临的重要课题。

当非营利组织内部治理机制缺失时，外部审计是内部治理机制的一种有效替代。已有研究表明，基金会选聘高质量的审计师，能够吸引更多的捐赠者进行捐赠（Kitching，2009；Yetman M. H. & Yetman R. J.，2013；张立民等，2012；陈丽红、张龙平和杜建军，2014；陈丽红、张龙平和李青原，2015）。陈丽红等（2014）研究发现，组织规模、管理效率、募集方式、注册地所在地区等因素会影响非营利组织审计师选择。而有趣的是，实践中基金会在选聘审计师决策时迥然有异，例如，"家喻户晓"的中国红十字基金会在2007～2011年连续五年聘请仅仅30万元注册资本、5个合伙人的中维会计师事务所进行年度财务报表审计，与此形成鲜明对比的是，由深圳市民政局2010年12月3日批准的第一家民间性基金——深圳壹基金公益基金会却连续多年聘请国际"四大"（德勤华永会计师事务所）进行年度财务报表审计。是何种原因导致这种差异存在？基金会选聘会计师事务所的动机何在？哪些根源性的因素决定了基金会选聘高质量的审计师？

为了回答上述问题，本章整合组织合法性理论和信号理论，以 2005～2013 年中国社会组织网所披露的基金会为研究样本，系统考察了微博自媒体披露、政治关联等因素对非营利组织审计师选择的影响，并检验了非营利组织评估等级对上述关系的调节机制，同时还检验了基金会性质、党组织治理对自媒体披露（微博）与政治关联对审计师选择行为的影响。研究结果表明，为化解信任危机和获得合法性认同，非营利组织有动机通过选聘高质量的审计师向外界发送有利信号，具体表现为，开通官方微博的基金会更倾向于选择高质量的审计师，这一现象在评估等级低的基金会、民间性基金会、没有设立党组织的基金会中更为明显；无政治关联的基金会更倾向于选择高质量的审计师，这一现象在民间性基金会、没有设立党组织的基金会中更为明显。上述结论在充分考虑异方差、样本自选择、改变变量测量方式等问题的影响后依然稳健。

与以往文献相比，本章可能的边际贡献在于：首先，丰富和拓展了非营利组织审计质量影响因素方面的研究。现有关于非营利组织审计相关文献，限于数据获取困难，以规范研究为主，实证研究较少，并且实证研究也多是聚焦在非营利组织外部审计治理的经济后果方面的研究（Krishnan et al.，2006；Kitching，2009；Yetman M. H. & Yetman R. J.，2013；张立民等，2012；陈丽红、张龙平和杜建军，2014；陈丽红、张龙平和李青原，2015），而本章则是在陈丽红等（2014）研究的基础上，进一步地深度挖掘文本数据，考察自媒体披露（微博）和政治关联等因素对非营利组织审计师选择的影响。其次，本章的研究丰富了自媒体信息披露和政治关联对非营利组织行为影响的相关研究，并将评估等级、基金会性质、党组织治理等情景因素纳入分析框架中，弥补了以往文献较少关注情景机制的不足。最后，本章的结论为民政管理部门、捐赠者等利益相关方更好地理解非营利组织管理层行为，以及如何监督和约束非营利组织会计信息披露等方面具有一定的启示意义。

5.2 理论分析与研究假设

截止到 2016 年年底，全国共有社会组织 69.9 万个，其中基金会 5523 个，社会团队 33.5 万个，民办非企业单位 35.9 万个[①]。据基金会中心网实时统计，2016 年 12 月 31 日全国已注册的基金会数量达 5545 家，其中 28% 的是公募基金会（1565 家），72% 的为非公募基金会（3980 家）[②]。我国基金会历经了早期的"双重管理"（民政部门和业务主管部门）到现在"直接登记注册"（民政部门集中管理）这一突破式改革，取消了业务主管部门要求，降低了注册"门槛"，加快了非公募基金会的发展。然而，非营利组织数量上的快速增长与其治理水平存在着明显的脱节。近年来频发的财务违规、责任缺失、暗箱操作等一系列事件，导致非营利组织产生了严重的信任危机。正如美国卡耐基基金会前主席卢塞尔所说，慈善事业要有玻璃做的口袋，唯其透明，才有公信。

外部审计作为内部治理机制的一种替代，当非营利组织内部治理机制无法有效约束管理层行为时，委托人有动机寻求外部审计对管理层行为进行监督，进而抑制管理层的道德风险和逆向选择（Watts & Zimmerman，1983；DeFond，1992）。为了促进非营利组织可持续发展，提高非营利组织信息披露质量，具有"免疫系统"功能的外部审计，责无旁贷要为公众揭开非营利组织"运作之谜"，让公众看到一份高质量、高透明度的财务报告（程博等，2011）。值得肯定的是，政府部门一直在制度上探索如何提高非营利组织信息披露质量和治理水平。例如，2004 年 3 月，国务院颁布的《基金会管理条例》（2004 年 6 月 1 日起施行）第三十六条规定，基金会应当于每年 3 月 31 日前报送年度工作报告，包括财务会计报告、注册会计师审计报告等内容[③]；2006 年 1 月，民政部制定的《基金会信息公布办法》（2006 年 1 月 12 日公布

① 民政部 2016 年第四季度全国社会服务统计数据。
② 《慈善蓝皮书：中国慈善发展报告（2017）》。
③ 《基金会管理条例》第三十六条规定：基金会、境外基金会代表机构应当于每年 3 月 31 日前向登记管理机关报送上一年度工作报告，接受年度检查。年度工作报告在报送登记管理机关前应当经业务主管单位审查同意。年度工作报告应当包括：财务会计报告、注册会计师审计报告，开展募捐、接受捐赠、提供资助等活动的情况以及人员和机构的变动情况等。

施行）第五条规定对财务报告审计也有相应的规定；2016 年 3 月，第十二届全国人大四次会议通过的《中华人民共和国慈善法》（2016 年 9 月 1 日起施行）第七十二条规定，具有公开募捐资格的慈善组织的财务会计报告须经注册会计师审计；2016 年 9 月，国务院颁布了修订的《基金会管理条例》（2016 年 9 月 1 日起施行）第五十七条规定，仍然要求基金会年检时需要提交审计后的财务报告，并在统一信息平台向社会公布。

高质量的外部审计对非营利组织具有治理功能（张立民等，2012），而审计质量的高低取决于审计师的专业胜任能力和独立性的联合作用。规模大的会计师事务所拥有更高水平的专业人员、更先进的审计技术与方法和更有效的质量控制；同时，规模大的会计师事务所更加注重维护自己的声誉和关注自身的法律风险，审计独立性较高（DeAngelo，1981）。信号理论认为，聘请高质量的审计师可以缓解利益相关者对信息不对称的疑虑，并且选聘高质量的审计师也是向外发送财务状况良好的信号途径之一（DeAngelo，1981；Fan & Wong，2002；Gul et al.，2003）。捐赠者对审计质量高的会计师事务所鉴证的财务信息变动更为敏感，换言之，基金会选聘高质量的审计师，能够吸引更多的捐赠者进行捐赠（Kitching，2009；Yetman M. H. & Yetman R. J.，2013；张立民等，2012；陈丽红、张龙平和杜建军，2014；陈丽红、张龙平和李青原，2015）。组织规模、管理效率、募集方式、注册地所在地区等因素都会影响基金会选聘审计师决策（陈丽红等，2014），事实上，除了以上基金会特征因素外，基金会内部治理机制也会对选聘审计师产生影响，同时基金会内部治理机制的完备程度也需要审计师的协同。

组织合法性理论认为，合法性是一种社会认知，由组织具体的监管部门、社会公众、媒体等利益相关者赋予（Cohen & Dean，2005；Heugens & Lander，2009），并被其他社会活动者认为是正确和恰当的（Suchman，1995）。合法性作为组织成长与发展的约束条件，很大程度上决定着组织获取内外部资源的能力（Ahlstrom & Bruton，2001）。《论语》中的"名不正，则言不顺；言不顺，则事不成"，很好表达了组织中获得合法性认同的重要性。具体到基金会，面对外部合法性压力时，基金会有动机向外界释放合法性信号，获得社会公众、媒体等利益相关者的认同，化解信任危机，从而提高基金会公信力。

随着互联网技术的发展，新的媒介被用来进行信息披露。微博作为最新的社交平台，具有及时、快捷、便利、精准传递等优点，基金会可以通过官方微博将组织最新的动态和消息更快、更准确地推送给关注自己的用户（关注基金会微博的用户包括捐赠者、受赠者、社会公众、媒体等利益相关者）。基金会采取微博自媒体这种自愿信息披露渠道便于信息在利益相关者之间流动和传播，可以降低信息使用的搜寻成本（Blankespoor et al.，2014；胡军和王甄，2015；胡军等，2016）。同时，微博的"转发"功能使得信息短时间内发生裂变，引发社会公众、媒体等利益相关者广泛关注（何贤杰等，2016）。本章认为，开通官方微博披露的基金会有动机选聘高质量的审计师，这是因为：微博自媒体信息披露是一种自愿性披露，基金会通过微博"晒出"的财务和非财务信息，一方面，是自身财务信息质量"过硬"的体现，否则难以经受社会公众、媒体等利益相关者的监督；另一方面，开通官方微博披露基金会相关信息与基金会选聘高质量的审计师动机相同，其目的是为了化解信任危机和提高组织公信力，从而获得利益相关者认同。据此，本章提出如下研究假说 H1：

H1：限定其他条件，开通官方微博的基金会越倾向于选择高质量的审计师。

民政部门定期会对登记注册的社会团体、基金会、民办非企业单位进行客观、全面的评估，并评估出 5A 级、4A 级、3A 级、2A 级、1A 级五个级别的等级结论，5A 级等级最高，1A 级等级最低，评估等级可以作为非营利组织的信誉证明。评估等级越高，代表其声誉越好，合法性认同程度越高，那么通过微博自媒体披露和选聘高质量审计师的意愿则有所降低。据此，本章提出如下研究假说 H2：

H2：限定其他条件，评估等级削弱了微博自媒体披露与审计质量之间的正相关关系。即相比评估等级高的基金会，在评估等级低的基金会中，开通官方微博的基金会越倾向于选择高质量审计师的现象更为明显。

政治关联（Political Connection）在全球范围内普遍存在，通过建立政治联系，可以为组织寻得政府管制下的"租金"（Faccio，2006；Faccio et al.，2006；Claessens et al.，2008；Faccio & Parsley，2009；罗党论和刘晓龙，2009；余明桂等，2010；贾明和张喆，2010；徐业坤等，2013）。高质量的外部审计对非营利组织具有治理功能，由于我国非营利组织尚处于发展初级阶段，市场机制与竞争机制缺失，监管行为尚不够规范，有政治关联的非营利组织可能受到政府"庇护"而降低选聘高质量审计师传递信号获得合法性认同的意愿，这是因为：政治关联是一项"关系"资源，建立政治联系的目的是寻得政府管制下的"租金"（Faccio，2006），一方面，关系维护需要成本，可能会导致基金会粉饰财务报表，为减少"问题"被发现的概率，可能会降低基金会选聘高质量审计师的意愿；另一方面，有政治联系的基金会由于受到政府的"眷顾"，降低了基金会通过提高组织公信力，获取社会公众认同获取资源的意愿，从而减弱了基金会聘请高质量审计师发送信号的动机。据此，本章提出如下研究假说 H3：

H3：限定其他条件，有政治关联的基金会越倾向于选择低质量的审计师。

前已述及，非营利组织评估等级越高，代表其声誉越好，合法性认同程度越高。这类基金会大多是是由政府部门牵头发起成立，具有"天然的"背景优势，其建立和维持政治联系更容易。相反的是，等级越低的基金会，大多是依靠社会自发力量发起成立，背景优势"先天不足"，面临着组织合法性问题。本章预期，组织评估等级增强了有政治关联基金会选聘低质量审计师的意愿。据此，本章提出如下研究假说 H4：

H4：限定其他条件，评估等级加强了政治关联与审计质量之间的负相关关系。即相比评估等级低的基金会，在评估等级高的基金会中，有政治关联的基金会越倾向于选择低质量审计师的现象更为明显。

综合上述理论分析与研究假说的论述，概括本章研究逻辑框架如图 5.1 所示。

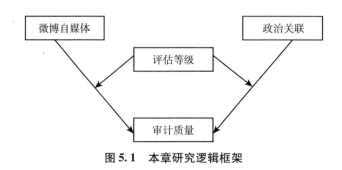

图 5.1　本章研究逻辑框架

5.3 研 究 设 计

5.3.1 样本选择与数据来源

为了考察微博自媒体、政治关联对非营利组织审计质量的影响，本章选取 2005 ~ 2013 年中国社会组织网所披露的基金会为研究样本，之所以采用 2005 年作为样本书起始点，由于我国《基金会信息公布办法》于 2006 年 1 月 12 日公布施行，根据《基金会信息公布办法》第五条规定①，基金会应当下一年 3 月 31 日前，向登记管理机关报送年度工作报告，并要求对外公布的财务会计报告需要经过会计师事务所审计。

本章所有数据由手工收集完成，具体数据收集步骤是：第一步，在中国社会组织公共服务平台的基金会年度工作报告中②，查找基金会具体信息，该网站 2006 年 8 月 9 日收录的首家基金会是"宝钢教育基金会 2005 年度工作报告书"，所以本书的样本起点设定为 2005 年，截止到 2015 年 3 月 26 日披露了最后一家基金会 2013 年度工作报告书"中国孔子基金会 2013 年度工作报告书"③，由于基金会 2014 年度及以后年度工作报告与 2013 年度及以前工作报告格式和内容存在差异（如缺失理事会、监事会全部信息等），因此，本章将样本的研究期间限定为 2005 ~ 2013 年。第二步，根据基金会年度工作报告所披露的基本信息、机构建设情况、业务活动情况、财务会计报告、接受监督与管理的情况、审计意见、监事意见和其他信息等内容，手工提取研究模型中所需的相关变量。第三步，为了尽可能保持样本完整性，对中国社会组织网基金会子站披露信息不全的样本，通过中国基金会网、基金会官方

---

① 我国基金会从 2005 年开始披露年度工作报告，根据《基金会信息公布办法》第五条规定："信息公布义务人应当在每年 3 月 31 日前，向登记管理机关报送上一年度的年度工作报告。登记管理机关审查通过后 30 日内，信息公布义务人按照统一的格式要求，在登记管理机关指定的媒体上公布年度工作报告的全文和摘要。信息公布义务人的财务会计报告未经审计不得对外公布。"

② 中国社会组织公共服务平台，http://www.chinanpo.gov.cn。

③ 截止到最后一份 2013 年度工作报告书，网站共披露了 1227 份。

网站以及百度搜索补充相关信息，研究期间共披露 1227 份年度工作报告，剔除披露重复、模型中主要变量和控制变量有缺失值的样本，最终获取 201 家基金会共计 1095 个有效样本观测值。为了控制异常值的干扰，相关连续变量均在 1% 和 99% 水平上进行 winsorize 处理。样本年度分布如表 5.1 和图 5.2 所示。

表 5.1 样本年度分布

项目	2005 年	2006 年	2007 年	2008 年	2009 年	2010 年	2011 年	2012 年	2013 年	合计
披露年报数量（家）	84	93	110	121	112	139	148	195	225	1227
减：剔除样本数（家）	1	3	9	3	10	4	10	29	63	132
最终有效观测值（家）	83	90	101	118	102	135	138	166	162	1095
占样本比例（%）	7.58	8.22	9.22	10.78	9.32	12.33	12.60	15.16	14.79	100.00

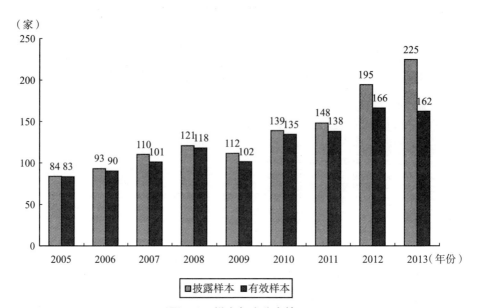

图 5.2 样本年度分布情况

从表 5.1 和图 5.2 中可以看出，样本期间网站工作报告披露数量为 1227 份，重复和关键变量缺失的样本为 132 份，最终有效样本 1095 个。自 2005 年基金会披露工作报告以来，各年披露数量呈增长趋势，尤其是在 2011 年以后，披露数量呈现跳跃式增长，这说明自 2011 年 8 月民政部公布《公益慈善捐助信息披露指引（征求意见稿）》和首届中国城市公益慈善指数在安徽芜湖发布（2011 年 8 月 26 日）以来，标志着中国公益慈善事业进入可量化监测评估时代。

5.3.2　模型设定和变量说明

为了检验假说 H1 至假说 H4，借鉴审计师选择的已有文献，本章将待检验的回归模型设定为：

$$\begin{aligned} Big100 = &\alpha + \beta_1 \times Microblog + \beta_2 \times Microblog \times Level + \beta_3 \times Level + \beta_4 \times Size \\ &+ \beta_5 \times Gov + \beta_6 \times Adm + \beta_7 \times Dual + \beta_8 \times Opinion + \beta_9 \times Accsum \\ &+ \beta_{10} \times Saccsum + \beta_{11} \times Branum + \beta_{12} \times Spefund + \beta_{13} \times Off + \beta_{14} \times Age \\ &+ \beta_{15} \times Area + \sum Ind + \sum Year + \varepsilon \end{aligned} \tag{5.1}$$

$$\begin{aligned} Big100 = &\alpha + \beta_1 \times PC + \beta_2 \times PC \times Level + \beta_3 \times Level + \beta_4 \times Size + \beta_5 \times Gov \\ &+ \beta_6 \times Adm + \beta_7 \times Dual + \beta_8 \times Opinion + \beta_9 \times Accsum + \beta_{10} \\ &\times Saccsum + \beta_{11} \times Branum + \beta_{12} \times Spefund + \beta_{13} \times Off + \beta_{14} \\ &\times Age + \beta_{15} \times Area + \sum Ind + \sum Year + \varepsilon \end{aligned} \tag{5.2}$$

其中，$Big100$ 为被解释变量，表示基金会的审计质量。迪安杰洛（DeAngelo，1981）、瓦特和齐默尔曼（Watts & Zimmerman，1983）、德丰（DeFond，1992）等研究表明，会计师事务所规模越大，拥有的资源越多，发现问题能力更强，并且品牌优势明显，审计师发生机会主义（来迎合某个客户的要求）的动力也越低，审计质量相应就越高（程博等，2017）。与上市公司而言，非营利组织财务核算相对简单，选用"四大"和国内"十大"事务所的比例较小（样本中选择"四大"审计的仅 17 家，仅占样本总量的 1.55%；样本中选择"十大"审计的仅 25 家，仅占样本总量的 2.28%），并且公开数据也无法获取审计投入和审计过程的相关数据，因此，本章借鉴张立民等（2012），陈丽红、张龙平和杜建军（2014），陈丽红、张龙平和李青原（2015）的方法，以中注协"百强"事务所（*Big*100）作为非营利组织审计质量的代理变量。若该基金会选择当年排名在前 100 位的事务所（即"百强"事务所）作为年报的主审事务所，则认为基金会审计质量较高，*Big*100 赋值为 1，否则 *Big*100 赋值为 0。

Microblog 和 *PC* 为关键解释变量。*Microblog* 表示是否开通新浪官方微博[①]，并且必须是加蓝 V 认证的基金会总部微博（样式如图 5.3 所示），通过手工整理，在中国社会组织网站基金会子站披露年度工作报告的基金会，有 144 个样本开通了新浪官方微博，在本章 1095 个有效样本观测值中，有 46 家基金会 107 个样本开通了微博。当基金会开通新浪官方微博后 *Microblog* 赋值为 1，否则 *Microblog* 赋值为 0（胡军和王甄，2015）。*PC* 表示政治关联，以基金会工作年报基本信息栏中，基金会负责人是否担任过（包括现任和曾任）省部级及以上领导职务的情况衡量，担任过省部级及以上领导时，*PC* 赋值为 1，否则 *PC* 赋值为 0。

图 5.3　基金会新浪官方微博样式

Level 为调节变量，表示非营利组织评估等级。非营利组织评估是由民政

---

① 之所以选择新浪微博，这是因为该微博是由新浪网提供的微型博客服务类社交网站，用户可以通过手机或者电脑随时随地的发布信息或上传图片，进行分享、讨论。并且该微博于 2014 年 4 月 17 日在纳斯达克股票上市（股票代码：WB），其用户量是其他社交平台和微博平台无法比拟的。

部门对其客观、全面的评估，评估等级可以作为该组织的信誉证明，非营利组织评估等级越高，代表该非营利组织（基金会）声誉越好，并且在获得4A 级及以上等级的非营利组织可以简化年检程序。因此，本章将基金会被民政部门评估等级为 4A 级及以上等级时，$Level$ 赋值为 1，否则 $Level$ 赋值为 0[①]。

参考以往文献的常用设定（张立民等，2012；陈丽红、张龙平和杜建军，2014；陈丽红、张龙平和李青原，2015），本章在回归模型中控制了组织规模（$Size$）、基金会性质（Gov）、管理效率（Adm）、募集方式（Off）、成立年限（Age）和注册地点（$Area$）。不可否认的是，基金会领导权结构、审计意见、财会人员数量及能力、业务复杂程度等都会对审计师选择产生影响，因此，本书在回归模型中还控制了两职合一（$Dual$）、审计意见（$Opinion$）、财会人员规模（$Accsum$）、财会人员能力（$Saccsum$）、分支机构数量（$Branum$）和专项基金数量（$Spefund$）。此外，回归模型中还加入了行业[②]（Ind）和年度（$Year$）哑变量，以控制行业效应和年度效应。变量定义如表 5.2 所示。

表 5.2   变量定义

变量	变量具体定义及测度
$Big100$	审计质量，基金会年报由中注协"百强"事务所作为主审事务所时，赋值为 1，否则赋值为 0
$Microblog$	微博自媒体，基金会开通新浪官方微博后，赋值为 1，否则赋值为 0
PC	政治关联，负责人担任过省部级及以上领导时，赋值为 1，否则赋值为 0
$Level$	评估等级，基金会评估等级为 4A 级或 5A 级时，赋值为 1，否则赋值为 0
$Size$	组织规模，基金会总资产的自然对数

① 评估等级是民政部门对经各级人民政府民政部门登记注册的社会团体、基金会、民办非企业单位进行客观、全面的评估，并作出评估等级结论。评估结果共分为 5 个等级，由高至低依次为 5A 级（AAAAA）、4A 级（AAAA）、3A 级（AAA）、2A 级（AA）、1A 级（A）。获得评估等级的社会组织在开展对外活动和宣传时，可以将评估等级证书作为信誉证明出示。
② 民政部将基金会分为 17 个行业，由于研究样本中有些行业样本较少，借鉴张立民等（2012）的方法，对相近行业进行了合并，最终合并为 11 个类别。

变量	变量具体定义及测度
Gov	基金会性质，基金会负责人中有现任国家工作人员时，属于官方性基金会，赋值为1，否则视为民间性基金会，赋值为0
Adm	管理效率，本年管理费用与本年捐赠收入总数之比
Dual	两职合一，基金会秘书长兼任理事长时，赋值为1，否则赋值为0
Opinion	审计意见，基金会审计意见，非标意见赋值为1，否则赋值为0
Accsum	财会人员规模，基金会财会人员人数
Saccsum	财会人员能力，基金会高级职称和注册会计师人数与财会人员总人数之比
Branum	分支机构，基金会分支机构数量
Spefund	专项基金，基金会专项基金数量
Off	募集方式，基金会为公募时，赋值为1，非公募赋值为0
Age	组织年限，基金会成立年限加1的自然对数
Area	注册地点，基金会注册地处在发达地区时，赋值为1，否则赋值为0

5.3.3 变量描述性统计

表5.3报告了变量的描述性统计结果。由表5.3的结果可知，样本中约46%的基金会选择了"百强"会计师事务所审计（*Big*100）；约10%的样本开通了新浪官方微博（*Microblog*），51.6%的基金会负责人担任过省部级及以上领导（*PC*）。样本中，约20%的基金会评估等级（*Level*）为4A级及以上，表明我国基金会声誉差异较大；组织规模（*Size*）的均值和标准差分别为17.323和2.524，这表明我国基金会规模差异较大，发展不均衡；样本中有32.4%属于官方性基金会（*Gov*）。管理效率（*Adm*）的均值和标准差0.457和2.633，整体来看，管理效率还有待提高；9.2%的基金会秘书长兼任理事长（*Dual*），6.9%的基金会被事务所出具了非标审计意见（*Opinion*），基金会财会人员规模（*Accsum*）均值为2.119，基金会高级职称和注册会计师占财会人员数量之比（*Saccsum*）的均值为0.087，分支机构（*Branum*）和专项基金（*Spefund*）的均值分别为0.340和1.749。样本中有60.8%的基金会为公募基金会（*Off*），成立年限（*Age*）的均值为2.107，86%的基金会注册地点为发达地区（*Area*）。

表 5.3　变量描述性统计结果

变量	均值	标准差	Big100	Microblog	PC	Level	Size	Gov	Adm	Dual	Opinion	Accsum	Saccsum	Branum	Spefund	Off	Age
Big100	0.459	0.499	1														
Microblog	0.098	0.297	0.104***	1													
PC	0.516	0.500	-0.141***	-0.007	1												
Level	0.196	0.397	-0.027	0.186***	0.198***	1											
Size	17.323	2.524	0.108***	0.117***	0.153***	0.329***	1										
Gov	0.324	0.468	-0.122***	-0.136***	0.308***	0.021	0.016	1									
Adm	0.457	2.633	-0.016	-0.016	-0.035	-0.074***	-0.011	0.073***	1								
Dual	0.092	0.289	0.054*	-0.052*	-0.285***	-0.007	-0.038	-0.019	0.029	1							
Opinion	0.069	0.254	-0.043	-0.054*	0.063***	-0.017	-0.037	0.202***	0.016	0.025	1						
Accsum	2.119	0.642	0.035	0.078***	0.171***	0.278***	0.271***	-0.034	-0.060**	-0.01	-0.039	1					
Saccsum	0.087	0.202	0.040	0.054*	-0.027	0.004	0.070**	-0.109***	-0.023	0.035	-0.061**	0.033	1				
Branum	0.34	1.241	-0.025	0.0340	0.081***	0.065**	-0.001	0.133***	0.007	-0.011	0.076**	-0.020	0.015	1			
Spefund	1.749	7.317	0.002	0.122***	0.066**	0.140***	0.152***	-0.111***	-0.036	-0.041	-0.062**	-0.070**	0.049	0.083***	1		
Off	0.608	0.488	-0.094***	-0.038	0.293***	0.147***	0.042	0.208***	0.046	0.049	0.087***	-0.061**	-0.056*	0.134***	0.035	1	
Age	2.107	1.010	-0.016	0.029	0.149***	0.213***	0.138***	0.143***	0.038	0.111***	0.117***	-0.056*	-0.056*	0.168***	0.019	0.504***	1
Area	0.86	0.347	0.123***	-0.009	0.110***	0.113***	0.046	0.161***	0.032	0.028	0.017	0.003	-0.136***	0.017	-0.092***	0.265***	0.239***

注：* $p<0.10$，** $p<0.05$，*** $p<0.01$；$N=1095$。

进一步来看，微博自媒体披露（Microblog）与审计质量（Big100）的相关系数为 0.104，且在 1% 的水平上显著，初步支持本章假说 H1 的预期；政治关联（PC）与审计质量（Big100）的相关系数为 -0.141，且在 1% 的水平上显著，初步支持本章假说 H3 的预期。而其他控制变量的相关系数则较低，大部分相关系数在 0.3 以内，这说明变量之间不存在严重的多重共线性问题。

5.3.4 单变量分析

表 5.4 报告了的单变量检验结果。可以看出，在开通官方微博的样本组中，平均有 61.68% 的基金会选择"百强"会计师事务所（Big100），而在未开通官方微博的样本组中，平均有 44.23% 的基金会选择"百强"会计师事务所（Big100），两组存在显著差异（$t = 3.4564$，$p < 0.01$），该结论符合假说 H1 的预期；在有政治关联的样本组中，平均有 39.12% 的基金会选择"百强"会计师事务所（Big100），而在无政治关联的样本组中，平均有 53.21% 的基金会选择"百强"会计师事务所（Big100），两组存在显著差异（$t = -4.7195$，$p < 0.01$），该结论符合假说 H3 的预期。进一步按照基金会性质和募集方式分组检验发现，在官方性基金会的样本组中，平均有 37.18% 的基金会选择"百强"会计师事务所（Big100），而在民间性基金会的样本组中，平均有 50.14% 的基金会选择"百强"会计师事务所（Big100），两组在 1% 的水平上存在显著差异（$t = -4.0520$）；在公募方式的样本组中，平均有 42.19% 的基金会选择"百强"会计师事务所（Big100），而在非公募方式的样本组中，平均有 51.75% 的基金会选择"百强"会计师事务所（Big100），两组在 1% 的水平上存在显著差异（$t = -3.1083$）。

表 5.4   单变量检验结果

变量	开通微博（Microblog = 1）		未开通微博（Microblog = 0）		Meandiff	T test
	Mean：均值	N：样本数	Mean：均值	N：样本数		
Big100	0.6168	107	0.4423	988	0.1745 ***	3.4564

续表

变量	有政治关联（*PC* = 1）		无政治关联（*PC* = 0）		*Meandiff*	*T test*
	Mean：均值	*N*：样本数	*Mean*：均值	*N*：样本数		
*Big*100	0.3912	565	0.5321	530	− 0.1409***	− 4.7195
变量	官方性基金会（*Gov* = 1）		民间性基金会（*Gov* = 0）		*Meandiff*	*T test*
	Mean：均值	*N*：样本数	*Mean*：均值	*N*：样本数		
*Big*100	0.3718	355	0.5014	740	− 0.1296***	− 4.0520
变量	公募方式（*Off* = 1）		非公募方式（*Off* = 0）		*Meandiff*	*T test*
	Mean：均值	*N*：样本数	*Mean*：均值	*N*：样本数		
*Big*100	0.4219	666	0.5175	429	− 0.0956***	− 3.1083

注：$*p < 0.10$，$**p < 0.05$，$***p < 0.01$。

5.4 实证结果与分析

5.4.1 微博自媒体披露的影响

表5.5 报告了微博自媒体披露与审计质量关系的检验结果。列（1）为基准模型，包含了控制变量和调节变量（*Level*）；列（2）在列（1）的基础上，加入了关键解释变量（*Microblog*）；列（3）则是在列（2）的基础上，进一步了加入解释变量（*Microblog*）与调节变量（*Level*）的交互项，以此检验组织评估等级（*Level*）调节效应是否存在。列（2）的估计结果显示，在控制其他因素的影响后，变量 *Microblog* 的回归系数为 0.6284（$t = 2.86$），在1%的显著水平上正相关，并且在列（3）中依旧显著为正（$beta = 1.0009$，$t = 3.33$，$p < 0.01$），这表明开通官方微博的基金会选择"百强"会计师事务所的可能性更大，意味着开通官方微博的基金会倾向于选择高质量的审计师向外界传递有利信号，证实了本章假说 H1。列（3）的估计结果显示，在控制其他因素的影响后，微博自媒体披露（*Microblog*）与评估等级（*Level*）的交互项 *Microblog* × *Level* 的回归系数为 − 0.9092（$t = -1.94$），且在 10% 的水

平上显著为负，这表明评估等级负向调节微博自媒体披露与审计质量之间的正相关关系，证实了本章假说 H2。为了更加形象地说明评估等级对微博自媒体披露与审计质量关系的调节作用，根据表 5.5 中回归结果绘制了图 5.4，从图 5.4 可以清晰看出，评估等级显著削弱了微博自媒体披露与审计质量之间的正相关关系。

表 5.5　　　　　微博自媒体披露与审计质量关系的检验结果

变量	（1）	（2）	（3）
Microblog		0.6284 *** （2.86）	1.0009 *** （3.33）
Microblog × Level			− 0.9092 * （− 1.94）
Level	− 0.4694 ** （− 2.46）	− 0.5527 *** （− 2.82）	− 0.4018 * （− 1.94）
Size	0.1464 *** （3.17）	0.1420 *** （3.09）	0.1396 *** （3.06）
Gov	− 0.5465 *** （− 3.72）	− 0.4993 *** （− 3.36）	− 0.5068 *** （− 3.40）
Adm	− 0.0093 （− 0.41）	− 0.0102 （− 0.45）	− 0.0099 （− 0.43）
Dual	0.4280 ** （1.98）	0.4624 ** （2.13）	0.4535 ** （2.10）
Opinion	− 0.0591 （− 0.22）	− 0.0452 （− 0.17）	− 0.0542 （− 0.20）
Accsum	0.0755 （0.68）	0.0769 （0.69）	0.0733 （0.65）
Saccsum	0.3255 （1.02）	0.2971 （0.92）	0.3177 （0.98）
Branum	0.0166 （0.33）	0.0112 （0.23）	− 0.0018 （− 0.04）

续表

变量	（1）	（2）	（3）
Spefund	− 0. 0007 （− 0. 08）	− 0. 0029 （− 0. 35）	− 0. 0034 （− 0. 40）
Off	− 0. 5420 *** （− 3. 52）	− 0. 5181 *** （− 3. 34）	− 0. 5166 *** （− 3. 31）
Age	0. 0183 （0. 24）	0. 0130 （0. 17）	0. 0165 （0. 21）
Area	1. 1171 *** （5. 57）	1. 1241 *** （5. 64）	1. 1334 *** （5. 59）
Constant	− 3. 3282 *** （− 4. 16）	− 3. 3258 *** （− 4. 18）	− 3. 3062 *** （− 4. 18）
Ind	Yes	Yes	Yes
Year	Yes	Yes	Yes
Pseudo R^2	0. 0541	0. 0594	0. 0620
Chi^2	72. 1567	80. 2970	81. 2869
N	1095	1095	1095

注：＊$p < 0.10$，＊＊$p < 0.05$，＊＊＊$p < 0.01$，括号内为 t 值。回归中按照基金会代码进行了 *cluster* 处理，并利用 *robust* 选项控制了异方差问题。

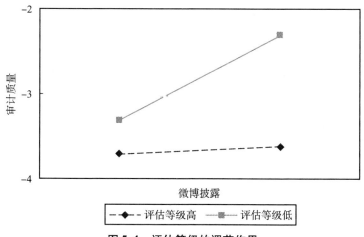

图 5.4 评估等级的调节作用

由表 5.5 进一步可知,评估等级(*Level*)与审计质量(*Big*100)显著负相关,表明评估等级越高(声誉较好)的基金会,选择高质量审计师向外界传递有利信号的可能性更小。从控制变量来看,组织规模越大($p < 0.01$)、非公募方式($p < 0.01$)、注册地为发达地区($p < 0.01$)的基金会选择高质量审计师的可能性更大,这与陈丽红等(2014)的结论相同。此外,基金会性质(*Gov*)的系数显著为负($p < 0.01$),表明民间性基金会为了向外界传递有利信号,以确保收入来源,更倾向于选择高质量的审计师;两职合一(*Dual*)的系数显著为正($p < 0.05$),说明秘书长兼任理事长的基金会,理事长更有可能为了自身声誉,有动机向外界传递有利信号,从而选聘高质量的审计师。

5.4.2　政治关联的影响

表 5.6 报告了政治关联与审计质量关系的检验结果。列(1)为基准模型,包含了控制变量和调节变量(*Level*);在列(1)的基础上,列(2)加入了关键解释变量(*PC*);在列(2)的基础上,列(3)进一步了加入解释变量(*PC*)与调节变量的交互项,(*Level*)的交互项,以此检验组织评估等级(*Level*)调节效应是否存在。列(2)的估计结果显示,在控制其他因素的影响后,变量 *PC* 的回归系数为 -0.4934($t = -3.33$),在 1% 的显著水平上负相关,并且在列(3)中依旧显著为负($beta = -0.4467$,$t = -2.82$,$p < 0.01$),这表明有政治关联的基金会选择"百强"会计师事务所的可能性更小,意味着无政治关联的基金会,为了获取资源,更倾向于选择高质量的审计师向外界传递有利信号,证实了本章假说 H3。列(3)的估计结果显示,在控制其他因素的影响后,政治关联(*PC*)与评估等级(*Level*)的交互项 $PC \times Level$ 的回归系数为 -0.3022($t = -0.85$),未通过显著性检验,没有证据支持本章假说 H4。

表 5.6　　　　　　　　　政治关联与审计质量关系的检验结果

变量	(1)	(2)	(3)
PC		-0.4934 *** (-3.33)	-0.4467 *** (-2.82)

续表

变量	（1）	（2）	（3）
$PC \times Level$			-0.3022 (-0.85)
$Level$	-0.4694 ** (-2.46)	-0.4222 ** (-2.17)	-0.2221 (-0.74)
$Size$	0.1464 *** (3.17)	0.1593 *** (3.20)	0.1570 *** (3.17)
Gov	-0.5465 *** (-3.72)	-0.4169 *** (-2.72)	-0.4167 *** (-2.72)
Adm	-0.0093 (-0.41)	-0.0136 (-0.61)	-0.0134 (-0.59)
$Dual$	0.4280 ** (1.98)	0.1896 (0.83)	0.1744 (0.76)
$Opinion$	-0.0591 (-0.22)	-0.0485 (-0.18)	-0.0593 (-0.22)
$Accsum$	0.0755 (0.68)	0.1091 (0.95)	0.1153 (1.00)
$Saccsum$	0.3255 (1.02)	0.3459 (1.05)	0.3600 (1.10)
$Branum$	0.0166 (0.33)	0.0196 (0.38)	0.0229 (0.45)
$Spefund$	-0.0007 (-0.08)	-0.0002 (-0.02)	-0.0008 (-0.09)
Off	-0.5420 *** (-3.52)	-0.4220 *** (-2.66)	-0.4224 *** (-2.67)
Age	0.0183 (0.24)	0.0128 (0.16)	0.0202 (0.26)
$Area$	1.1171 *** (5.57)	1.1458 *** (5.70)	1.1425 *** (5.70)

变量	(1)	(2)	(3)
Constant	-3.3282*** (-4.16)	-3.4956*** (-4.09)	-3.5037*** (-4.12)
Ind	Yes	Yes	Yes
Year	Yes	Yes	Yes
Pseudo R^2	0.0541	0.0614	0.0619
Chi^2	72.1567	81.2536	82.0437
N	1095	1095	1095

注：$*p < 0.10$，$**p < 0.05$，$***p < 0.01$，括号内为 t 值。回归中按照基金会代码进行了 *cluster* 处理，并利用 *robust* 选项控制了异方差问题。

类似地，可以发现，评估等级（*Level*）与审计质量（*Big*100）显著负相关（除列（3）外），同样表明评估等级越高（声誉较好）的基金会，选择高质量审计师向外界传递有利信号的可能性更小。从控制变量来看，组织规模越大（$p < 0.01$）、非公募方式（$p < 0.01$）、注册地为发达地区（$p < 0.01$）的基金会选择高质量审计师的概率更大，这与陈丽红、张龙平和杜建军（2014）的结论相同。此外，基金会性质（*Gov*）的系数仍然显著为负（$p < 0.01$），表明民间性基金会为了向外界传递有利信号，以确保收入来源，更倾向于选聘高质量的审计师。

5.4.3　替代变量的稳健性检验

为了确保结论的稳健，改变微博自媒体披露和政治关联测量指标进行稳健性分析。本章以基金会新浪官方微博年微博数加 1 的自然对数来度量微博自媒体披露情况（*Microblog*），以基金会负责人是否担任过（包括现任和曾任）省部级及以上领导职务的人数与基金会专职人员人数之比来度量政治关联强度（*PC*）。

表 5.7 报告了改变变量测量的稳健性检验结果。列（1）的估计结果显示，在控制其他因素的影响后，变量 *Microblog* 的回归系数为 0.0859（$t = 2.70$），在

1% 的显著水平上正相关，并且在列（2）中仍然显著为正（$beta = 0.1569$，$t = 3.36$，$p < 0.01$），这表明官方微博数量越多的基金会选择"百强"会计师事务所的可能性更大，再次验证了本章假说 H1。列（2）的估计结果显示，在控制其他因素的影响后，微博自媒体披露（$Microblog$）与评估等级（$Level$）的交互项 $Microblog \times Level$ 的回归系数为 -0.1428（$t = -2.15$），且在 5% 的水平上显著为负，这表明评估等级削弱了微博自媒体披露与审计质量之间的正相关关系（调节作用如图 5.5 所示），本章假说 H2 再次得到验证。列（3）的估计结果显示，在控制其他因素的影响后，变量 PC 的回归系数为 -0.5553（$t = -1.80$），在 10% 的显著水平上负相关，并且在列（4）中仍然显著为负（$beta = -0.7085$，$t = -2.10$，$p < 0.05$），这表明政治关联强度越大的基金会选择"百强"会计师事务所的可能性更小，再次验证了本章假说 H3。列（4）的估计结果显示，在控制其他因素的影响后，政治关联（PC）与评估等级（$Level$）的交互项 $PC \times Level$ 的回归系数为 0.7201（$t = 0.93$），未通过显著性检验，本章假说 H4 依旧没有得到支持。列（5）为全模型，以上检验结果未发生实质性改变。

表 5.7 改变变量测量的检验结果

变量	（1）	（2）	（3）	（4）	（5）
$Microblog$	0.0859 *** (2.70)	0.1569 *** (3.36)			0.1601 *** (3.44)
$Microblog \times Level$		-0.1428 ** (-2.15)			-0.1467 ** (-2.21)
PC			-0.5553 * (-1.80)	-0.7085 ** (-2.10)	-0.7488 ** (-2.13)
$PC \times Level$				0.7201 (0.93)	0.7367 (0.95)
$Level$	-0.5622 *** (-2.86)	-0.4095 ** (-1.98)	-0.4659 ** (-2.44)	-0.5429 *** (-2.64)	-0.4818 ** (-2.20)
$Size$	0.1421 *** (3.10)	0.1394 *** (3.06)	0.1462 *** (3.23)	0.1494 *** (3.22)	0.1425 *** (3.11)

续表

变量	（1）	（2）	（3）	（4）	（5）
Gov	-0.5049 *** (-3.41)	-0.5098 *** (-3.43)	-0.5284 *** (-3.58)	-0.5257 *** (-3.56)	-0.4878 *** (-3.26)
Adm	-0.0102 (-0.45)	-0.0102 (-0.44)	-0.0106 (-0.47)	-0.0109 (-0.48)	-0.0119 (-0.52)
Dual	0.4618 ** (2.13)	0.4580 ** (2.12)	0.3764 * (1.72)	0.3800 * (1.73)	0.4072 * (1.86)
Opinion	-0.0448 (-0.17)	-0.0527 (-0.20)	-0.0823 (-0.31)	-0.0831 (-0.31)	-0.0772 (-0.29)
Accsum	0.0759 (0.68)	0.0764 (0.68)	0.0736 (0.66)	0.0755 (0.67)	0.0762 (0.67)
Saccsum	0.2971 (0.92)	0.3101 (0.95)	0.3852 (1.17)	0.3461 (1.04)	0.3348 (0.98)
Branum	0.0099 (0.21)	-0.0064 (-0.13)	0.0104 (0.21)	0.0110 (0.22)	-0.0127 (-0.26)
Spefund	-0.0026 (-0.31)	-0.0030 (-0.36)	-0.0004 (-0.05)	-0.0001 (-0.01)	-0.0024 (-0.28)
Off	-0.5177 *** (-3.34)	-0.5147 *** (-3.30)	-0.5354 *** (-3.48)	-0.5478 *** (-3.53)	-0.5195 *** (-3.30)
Age	0.0151 (0.20)	0.0189 (0.24)	0.0116 (0.15)	0.0126 (0.16)	0.0127 (0.16)
Area	1.1165 *** (5.61)	1.1326 *** (5.58)	1.1537 *** (5.71)	1.1617 *** (5.75)	1.1806 *** (5.76)
Constant	-3.3150 *** (-4.17)	-3.3125 *** (-4.19)	-3.2936 *** (-4.19)	-3.3393 *** (-4.15)	-3.3239 *** (-4.19)
Ind	Yes	Yes	Yes	Yes	Yes
Year	Yes	Yes	Yes	Yes	Yes
Pseudo R^2	0.0589	0.0620	0.0562	0.0569	0.0651
Chi^2	80.2605	83.0687	74.5146	76.5808	88.0415
N	1095	1095	1095	1095	1095

注： $*p<0.10$ ， $**p<0.05$ ， $***p<0.01$ ，括号内为 t 值。回归中按照基金会代码进行了 cluster 处理，并利用 robust 选项控制了异方差问题。

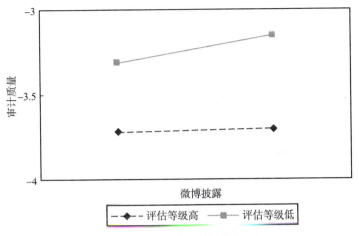

图 5.5　评估等级的调节作用

类似地，从表 5.7 可以发现，评估等级（*Level*）与审计质量（*Big*100）依旧显著负相关，表明评估等级越高（声誉较好）的基金会，选择高质量审计师向外界传递有利信号的可能性更小。从控制变量来看，组织规模越大（$p < 0.01$）、非公募方式（$p < 0.01$）、注册地为发达地区（$p < 0.01$）的基金会选择高质量审计师的可能性更大，这与陈丽红等（2014）的结论相同。此外，基金会性质（*Gov*）的系数依旧显著为负（$p < 0.01$），表明民间性基金会为了向外界传递有利信号，以确保收入来源，更倾向于选择高质量的审计师；两职合一（*Dual*）的系数仍然显著为正，说明秘书长兼任理事长的基金会，理事长更有可能为了自身声誉，有动机向外界传递有利信号，从而选聘高质量的审计师。

5.4.4　控制样本选择偏误的检验

尽管前文的分析能够为微博自媒体披露影响非营利组织审计质量提供强有力的经验证据，但是，为了确保结论稳健可靠，须考虑微博自媒体披露对非营利组织审计质量的影响可能受到样本自选择问题的干扰。为了控制样本选择偏误，本章采用赫克曼矫正法（Heckman correction），又称两阶段回归法（Heckman，1979），首先构建一个微博自媒体披露的选择模型（5.3），关键解释变量为秘书长是否专职（*Secftime*）和年度报告披露质量（*Acc*）两个外生变量；其次，根据选择模型（5.3）计算出逆米尔斯比率（inverse mills ratio，*IMR*），再将计算出的逆米尔斯比率（*IMR*）代入到计量模型（5.4）进行第二阶段的回归。赫克曼第一阶段选择模型为：

$$Probit(Microblog) = \alpha + \beta_1 \times Secftime + \beta_2 \times Acc + \beta_3 \times Size + \beta_4 \times Gov$$
$$+ \beta_5 \times Adm + \beta_6 \times Dual + \beta_7 \times Opinion + \beta_8 \times Accsum$$
$$+ \beta_9 \times Saccsum + \beta_{10} \times Branum + \beta_{11} \times Spefund + \beta_{12} \times Off$$
$$+ \beta_{13} \times Age + \beta_{14} \times Area + \sum Ind + \sum Year + \varepsilon \qquad (5.3)$$

赫克曼第二阶段回归模型为：

$$Big100 = \alpha + \beta_1 \times Microblog + \beta_2 \times Microblog \times Level + \beta_3 \times Level + \beta_4 \times Size$$
$$+ \beta_5 \times Gov + \beta_6 \times Adm + \beta_7 \times Dual + \beta_8 \times Opinion + \beta_9 \times Accsum$$
$$+ \beta_{10} \times Saccsum + \beta_{11} \times Branum + \beta_{12} \times Spefund + \beta_{13} \times Off + \beta_{14} \times Age$$
$$+ \beta_{15} \times Area + \beta_{16} \times IMR + \sum Ind + \sum Year + \varepsilon \qquad (5.4)$$

其中，模型（5.3）中关键解释变量为秘书长是否专职（用 *Secftime* 表示，当秘书长为专职时，*Secftime* 赋值为1，否则 *Secftime* 赋值为0）和年度报告披露质量（用 *Acc* 表示，当基金会年报采用两种及两种以上媒体披露时[①]，*Acc* 赋值为1，否则 *Acc* 赋值为0），其余各变量的定义与模型（5.1）相同。

本章之所以选择秘书长是否专职（*Secftime*）和年度报告披露质量（*Acc*）两个外生变量，这是因为：第一，如果基金会是专职秘书长，那么秘书长在基金会日常运营投入更多的精力，并且基金会运营的好坏关乎着他（或她）的声誉、职业发展等方方面面，基金会秘书长有动机通过新媒体（官方微博）向社会公众展示基金会公开、透明、诚信、自律的形象。第二，"裸晒"需要勇气，基金会通过微博自媒体"裸晒"年度财务报告及日常运营的信息，尤其是员工薪酬及福利、管理成本、筹资费用、善款去向等数据公开，有利于社会公众和媒体的监督，这种"阳光慈善"形式对行业发展是大有裨益的。毋庸置疑，基金会财务报告信息质量越高，越有可能选择多渠道、多

---

① 根据中国社会组织网基金子网站年度工作报告中所披露的方式确定，在年度工作报告中披露的主要媒体方式包括与网站、杂志、报纸三种方式，重点放在第6章关于非营利组织信息披露质量进行详细研究。

形式进行公开披露，因此，年度财务报告信息披露质量高低也是决定选择微博自媒体披露的关键因素之一。

表 5.8 报告了控制微博自媒体披露样本选择偏误的检验结果。列（1）是第一阶段的估计结果，在控制其他因素的影响后，秘书长是否专职（$Secftime$）和年度报告披露质量（Acc）与微博自媒体披露（$Microblog$）的系数分别为 0.6122（$t = 4.87$）、0.5063（$t = 4.01$），且均在 1% 的水平上显著为正，意味着专职秘书长、信息披露质量高的基金会，选择微博自媒体披露的可能性越大。列（2）至列（3）是第二阶段的估计结果，从中可以看出，逆米尔斯比率（IMR）的系数均显著为负（$p < 0.01$），但各列中微博自媒体披露（$Microblog$）均显著为正（$p < 0.01$），交互项 $Microblog \times Level$ 的回归系数为 -1.0003（$t = -2.12$），且在 5% 的水平上显著为负（调节作用如图 5.6 所示），这表明虽然存在样本选择偏误问题，但对本章前文的研究结论影响有限，进一步验证了本章假说 H1 和假说 H2。

表 5.8　　　　　　　控制微博自媒体披露样本选择偏误的检验结果

变量	(1)	(2)	(3)
	$Microblog$	$Big100$	$Big100$
$Microblog$		0.4554 ** (2.01)	0.8624 *** (2.76)
$Microblog \times Level$			-1.0003 ** (-2.12)
$Level$		-0.5986 *** (-3.04)	-0.4327 ** (-2.07)
$Size$	0.1384 *** (2.88)	0.0175 (0.32)	0.0113 (0.21)
Gov	-0.4574 *** (-3.05)	-0.0434 (-0.23)	-0.0399 (-0.21)
Adm	-0.0084 (-0.37)	-0.0044 (-0.19)	-0.0037 (-0.16)
$Dual$	-0.3982 * (-1.68)	0.7575 *** (3.28)	0.7557 *** (3.28)

续表

变量	(1)	(2)	(3)
	Microblog	Big100	Big100
Opinion	-0.2084 (-0.71)	0.1892 (0.69)	0.1870 (0.68)
Accsum	-0.0142 (-0.15)	0.1059 (0.95)	0.1020 (0.91)
Saccsum	0.1099 (0.43)	0.1511 (0.46)	0.1706 (0.51)
Branum	0.0551 (1.22)	-0.0365 (-0.71)	-0.0521 (-1.01)
Spefund	0.0041 (0.64)	-0.0126 (-1.42)	-0.0134 (-1.47)
Off	-0.2990 ** (-2.03)	-0.2989 * (-1.80)	-0.2927 * (-1.75)
Age	0.0337 (0.46)	-0.0636 (-0.80)	-0.0617 (-0.77)
Area	-0.0547 (-0.30)	1.1401 *** (5.73)	1.1525 *** (5.68)
Secftime	0.6122 *** (4.87)		
Acc	0.5063 *** (4.01)		
IMR		-0.9176 *** (-3.89)	-0.9420 *** (-3.99)
Constant	-3.8003 *** (-4.73)	0.4527 (0.36)	0.5784 (0.46)
Ind	Yes	Yes	Yes
Year	Yes	Yes	Yes
Pseudo R^2	0.1611	0.0694	0.0725
Chi^2	107.5794	93.3345	94.0222
N	1095	1095	1095

注: $*p<0.10$, $**p<0.05$, $***p<0.01$, 括号内为 t 值。回归中按照基金会代码进行了 cluster 处理, 并利用 robust 选项控制了异方差问题。

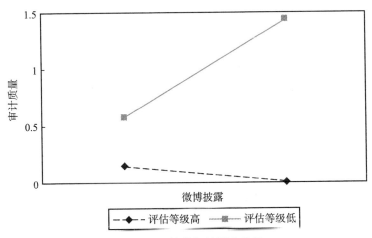

图 5.6　评估等级的调节作用

　　类似地，为了确保结论稳健可靠，须考虑政治关联对非营利组织审计质量的影响可能受到样本自选择问题的干扰。为了控制样本选择偏误，本章采用赫克曼两阶段回归法（Heckman，1979），首先，构建一个政治关联的选择模型（5.5），关键解释变量为秘书长是否为党员（Secpc）和基金会是否设立党组织（PG）两个外生变量；其次，根据选择模型（5.5）计算出逆米尔斯比率（inverse mills ratio，IMR），再将计算出的逆米尔斯比率（IMR）代入到计量模型（5.6）进行第二阶段的回归。赫克曼第一阶段选择模型为：

$$Probit(PC) = \alpha + \beta_1 \times Secpc + \beta_2 \times PG + \beta_3 \times Size + \beta_4 \times Gov$$
$$+ \beta_5 \times Adm + \beta_6 \times Dual + \beta_7 \times Opinion + \beta_8 \times Accsum$$
$$+ \beta_9 \times Saccsum + \beta_{10} \times Branum + \beta_{11} \times Spefund + \beta_{12} \times Off$$
$$+ \beta_{13} \times Age + \beta_{14} \times Area + \sum Ind + \sum Year + \varepsilon \qquad (5.5)$$

赫克曼第二阶段回归模型为：

$$Big100 = \alpha + \beta_1 \times PC + \beta_2 \times PC \times Level + \beta_3 \times Level + \beta_4 \times Size + \beta_5 \times Gov$$
$$+ \beta_6 \times Adm + \beta_7 \times Dual + \beta_8 \times Opinion + \beta_9 \times Accsum + \beta_{10} \times Saccsum$$
$$+ \beta_{11} \times Branum + \beta_{12} \times Spefund + \beta_{13} \times Off + \beta_{14} \times Age + \beta_{15} \times Area$$
$$+ \beta_{16} \times IMR + \sum Ind + \sum Year + \varepsilon \qquad (5.6)$$

其中，模型（5.5）中关键解释变量为秘书长是否为党员（用 Secpc 表示，当秘书长为共产党员时，Secpc 赋值为 1，否则 Secpc 赋值为 0）和基金会是否设立党组织（用 PG 表示，当基金会设立党组织时，PG 赋值为 1，否则 PG 赋值为 0），其余各变量的定义与模型（5.2）相同。

本章之所以选择秘书长是否为党员（$Secpc$）和基金会是否设立党组织（PG）两个外生变量，这是因为：第一，建立政治联系有助于组织获取各种资源和好处（Faccio et al.，2006；贾明和张喆，2010），而秘书长的政治面貌和基金会是否设立基层党组织是基金会建立和保持政治联系的有效渠道；第二，设立党组织以及秘书长的党员身份也为基金会协调和处理好党组织与理事会、监事会以及基金会管理层之间关系，充分发挥党组织治理作用提供了有利条件。不言而喻，秘书长是否为党员（$Secpc$）和基金会是否设立党组织（PG）是影响基金会建立和保持政治联系的关键因素。

表5.9 报告了控制政治关联样本选择偏误的检验结果。列（1）是第一阶段的估计结果，在控制其他因素的影响后，秘书长是否为党员（$Secpc$）与政治关联（PC）的系数为 0.1770（$t = 2.00$），且在 5% 的水平上显著为正，意味着政治面貌为党员的秘书长所在的基金会，选择微博自媒体披露的可能性越大；而基金会是否设立党组织（PG）与政治关联（PC）的系数为 0.1544（$t = 1.56$），未通过显著性检验（趋向显著）。列（2）至列（3）是第二阶段的估计结果，从中可以看出，逆米尔斯比率（IMR）的系数均显著为正（$p < 0.05$），但各列中政治关联（PC）的系数均显著为负（$p < 0.01$），交互项 $PC \times Level$ 的回归系数为 -4018（$t = -1.11$），未通过显著性检验，这表明虽然存在样本选择偏误问题，但对本章前文的研究结论影响有限，进一步验证了本章的研究假说 H3。

表5.9　　　　　　　控制政治关联样本选择偏误的检验结果

变量	(1)	(2)	(3)
	PC	$Big100$	$Big100$
PC		-0.4835 *** (-3.24)	-0.4209 *** (-2.64)
$PC \times Level$			-0.4018 (-1.11)

续表

变量	(1)	(2)	(3)
	PC	$Big100$	$Big100$
$Level$		−0.4299 ** (−2.23)	−0.1645 (−0.54)
$Size$	0.0556 ** (2.44)	0.2143 *** (3.90)	0.2154 *** (3.95)
Gov	0.8524 *** (8.55)	0.1833 (0.54)	0.2308 (0.68)
$Adru$	−0.0344 ** (−2.19)	0.0421 (−1.60)	−0.0440 * (−1.67)
$Dual$	−1.7856 *** (−7.81)	−1.4690 * (−1.73)	−1.6189 * (−1.88)
$Opinion$	0.0249 (0.14)	−0.0124 (−0.05)	−0.0243 (−0.09)
$Accsum$	0.2601 *** (3.53)	0.2975 ** (2.01)	0.3207 ** (2.14)
$Saccsum$	0.0375 (0.18)	0.4154 (1.25)	0.4396 (1.32)
$Branum$	0.0228 (0.66)	0.0414 (0.83)	0.0476 (0.94)
$Spefund$	0.0029 (0.47)	0.0022 (0.24)	0.0015 (0.17)
Off	0.7120 *** (6.56)	0.2104 (0.60)	0.2588 (0.73)
Age	−0.0418 (−0.77)	−0.0009 (−0.01)	0.0078 (0.10)
$Area$	0.1062 (0.84)	1.2460 *** (5.96)	1.2493 *** (5.99)

续表

变量	(1)	(2)	(3)
	PC	Big100	Big100
Secpc	0.1770 ** (2.00)		
PG	0.1544 (1.56)		
IMR		1.2888 ** (2.02)	1.3889 ** (2.16)
Constant	−2.2513 *** (−5.68)	−6.4920 *** (−3.85)	−6.7361 *** (−3.97)
Ind	Yes	Yes	Yes
Year	Yes	Yes	Yes
Pseudo R^2	0.2358	0.0639	0.0648
Chi^2	209.6808	84.4005	85.6497
N	1095	1095	1095

注：* $p < 0.10$，** $p < 0.05$，*** $p < 0.01$，括号内为 t 值。回归中按照基金会代码进行了 cluster 处理，并利用 robust 选项控制了异方差问题。

5.5 进一步检验与分析

5.5.1 基于基金会性质分组的检验

产权制度是现代组织制度的内核，市场经济本质上是产权经济（郭道扬，2004）。大量的文献表明，产权性质对企业行为主体的激励效应和约束机制产生重要的影响。虽然非营利组织的资产具有公益属性，所有者是社会公众，但是不同非营利组织的性质可能有所差异。根据组织性质可以将非营利组织分为官方性非营利组织（具有政府背景）和民间性非营利组织（不具有政府背景）两类。其中，官方性非营利组织由政府部门主导"自上而下"发起成立的，实质上就是政府实现某种公共职能的一个衍生部门，其行政色彩相对浓厚，行政合法性和政治合法性对于这类组织都不是问题（柏必成，2005）；而民间性非营利组织是依靠社会自发力量"自下而上"发起成立，其成立是由社会或公众对某些社会问题的自觉，这类组织将面临一个组织合法性问题（柏必成，2005）。受制于资源需求等方面的约束，民间性非营利组织有动机选聘高质量的审计师向外界发送有利信号，获得合法性认同，才有利于获得更多的资源。

前文检验发现，民间性基金会倾向于选聘高质量的审计师。表 5.10 报告了基于基金会性质分组的检验结果。列（2）的估计结果显示，在控制其他因素的影响后，变量 $Microblog$ 的回归系数为 0.4756（$t=1.99$），在 5% 的显著水平上正相关，而在列（1）中变量 $Microblog$ 的回归系数为 1.2477（$t=1.56$），未通过显著性检验，这表明相比官方性基金会而言，在民间性基金会中，开通官方微博的基金会更倾向于选择高质量的审计师向外界传递有利信号。列（4）的估计结果显示，在控制其他因素的影响后，变量 PC 的回归系数为 -0.5618（$t=-3.15$），在 1% 的显著水平上负相关，而在列（3）中变量 PC 的回归系数为 -0.3898（$t=-1.30$），未通过显著性检验，这表明相比官方性基金会而言，在民间性基金会中，无政治关联的基金会更倾向于选择高质量的审计师向外界传递有利信号。

表 5.10　　　　　　　基于基金会性质分组的检验结果

变量	(1)	(2)	(3)	(4)
	官方性基金会	民间性基金会	官方性基金会	民间性基金会
$Microblog$	1.2477 (1.56)	0.4756 ** (1.99)		
PC			-0.3898 (-1.30)	-0.5618 *** (-3.15)
$Level$	0.0878 (0.28)	-0.9630 *** (-3.97)	0.1266 (0.37)	-0.7810 *** (-3.28)
$Size$	0.1081 (1.45)	0.1109 *** (3.23)	0.1451 (1.62)	0.1336 *** (3.52)

续表

变量	(1) 官方性基金会	(2) 民间性基金会	(3) 官方性基金会	(4) 民间性基金会
Adm	-0.0200 (-0.46)	0.0161 (0.52)	-0.0256 (-0.58)	0.0112 (0.36)
Dual	-0.5346 (-1.19)	0.9533 *** (3.45)	-0.8408 * (-1.68)	0.6774 ** (2.36)
Opinion	-0.2442 (-0.69)	0.1061 (0.24)	-0.2574 (-0.72)	0.0770 (0.17)
Accsum	0.5254 ** (2.14)	-0.1130 (-0.92)	0.5656 ** (2.24)	-0.0637 (-0.50)
Saccsum	1.7949 ** (2.52)	-0.0108 (-0.03)	1.6190 ** (2.28)	0.0407 (0.11)
Branum	-0.1055 (-1.42)	0.1061 (1.29)	-0.0757 (-0.92)	0.1050 (1.26)
Spefund	-0.0307 (-0.70)	0.0001 (0.02)	-0.0211 (-0.44)	0.0021 (0.22)
Off	-0.2276 (-0.72)	-0.7594 *** (-3.99)	-0.2572 (-0.83)	-0.6019 *** (-3.05)
Age	0.1852 (1.18)	-0.0991 (-1.10)	0.1807 (1.14)	-0.1002 (-1.09)
Area	0.6558 (1.24)	1.2627 *** (5.55)	0.4558 (0.84)	1.3257 *** (5.77)
Constant	-4.4034 *** (-3.27)	-2.2521 *** (-3.85)	-4.5483 *** (-3.00)	-2.5927 *** (-4.07)
Ind	Yes	Yes	Yes	Yes
Year	Yes	Yes	Yes	Yes
Pseudo R^2	0.0633	0.0712	0.0592	0.0772
Chi^2	27.3943	65.3031	24.3045	71.4530
N	355	740	355	740

注：* $p<0.10$，** $p<0.05$，*** $p<0.01$，括号内为 t 值。回归中按照基金会代码进行了 *cluster* 处理，并利用 *robust* 选项控制了异方差问题。

5.5.2　基于党组织治理分组的检验

作为社会主义事业的领导核心，党在国家机构中居于核心地位，在国有企业治理中发挥着重要的作用（You，1998；Chang & Wong，2004；Campbell，2007；马连福、王元芳和沈小秀，2012，2013；陈仕华和卢昌崇，2014；程博等，2017；黄文锋等，2017）。而在非营利组织中，这种关系则体现为如何协调和处理好党组织与理事会、监事会以及基金会管理层之间关系，并且充分发挥党组织治理作用。

党组织在非营利组织中肩负着党的使命，不仅为非营利组织"把关定向"，而且发挥着监督和制衡非营利组织管理人员的职能。在研究样本中，大约43%（=475/1095）的基金会设有基层党组织。表5.11报告了基于党组织治理分组的检验结果。列（2）的估计结果显示，在控制其他因素的影响后，变量 *Microblog* 的回归系数为0.6001（$t=1.99$），在5%的显著水平上正相关，而在列（1）中变量 *Microblog* 的回归系数为0.2713（$t=0.73$），未通过显著性检验，这表明相比设立党组织的基金会而言，在没有设立党组织的基金会中，开通官方微博的基金会更倾向于选择高质量的审计师向外界传递有利信号。列（4）的估计结果显示，在控制其他因素的影响后，变量 *PC* 的回归系数为 -0.6113（$t=-3.18$），在1%的显著水平上负相关，而在列（3）中变量 *PC* 的回归系数为 -0.3063（$t=-1.22$），未通过显著性检验，这表明相比设立党组织的基金会而言，在没有设立党组织的基金会中，无政治关联的基金会更倾向于选择高质量的审计师向外界传递有利信号。

表 5.11　　　　　　　　　基于党组织治理分组的检验结果

变量	(1)	(2)	(3)	(4)
	设立党组织	没有设立党组织	设立党组织	没有设立党组织
Microblog	0.2713 (0.73)	0.6001** (1.99)		
PC			-0.3063 (-1.22)	-0.6113*** (-3.18)

续表

变量	（1）设立党组织	（2）没有设立党组织	（3）设立党组织	（4）没有设立党组织
Size	0.0069 (0.11)	0.1454*** (2.75)	0.0383 (0.57)	0.1633*** (2.82)
Gov	-0.2579 (-1.16)	-0.6768*** (-3.26)	-0.2049 (-0.88)	-0.5640*** (-2.64)
Adm	-0.0209 (-0.66)	0.0132 (0.36)	-0.0255 (-0.84)	0.0073 (0.21)
Dual	0.9856*** (2.82)	-0.2131 (-0.67)	0.8031** (2.19)	-0.5289 (-1.55)
Opinion	0.2264 (0.59)	-0.3903 (-0.98)	0.2066 (0.54)	-0.3123 (-0.76)
Accsum	0.2704 (1.57)	-0.0918 (-0.60)	0.2655 (1.52)	-0.0130 (-0.08)
Saccsum	0.1395 (0.24)	0.4843 (1.17)	0.1324 (0.23)	0.5102 (1.19)
Branum	-0.0832 (-0.92)	0.0642 (1.04)	-0.0793 (-0.88)	0.0762 (1.18)
Spefund	-0.0032 (-0.23)	0.0045 (0.29)	-0.0040 (-0.29)	0.0138 (0.83)
Off	-1.0231*** (-2.97)	-0.3866** (-1.98)	-0.9918*** (-2.86)	-0.2610 (-1.29)
Age	0.1936 (1.18)	-0.0730 (-0.78)	0.2048 (1.23)	-0.0684 (-0.71)
Area	2.0307*** (4.55)	0.8459*** (3.57)	1.9999*** (4.56)	0.8968*** (3.67)
Constant	-2.4610*** (-2.62)	-2.7405*** (-2.86)	-2.8111*** (-2.72)	-3.0221*** (-2.89)

续表

变量	(1)	(2)	(3)	(4)
	设立党组织	没有设立党组织	设立党组织	没有设立党组织
Ind	Yes	Yes	Yes	Yes
Year	Yes	Yes	Yes	Yes
Pseudo R^2	0.0991	0.0652	0.1006	0.0720
Chi^2	72.8445	47.5090	74.3803	51.2100
N	475	620	475	620

注：$*p<0.10$，$**p<0.05$，$***p<0.01$，括号内为 *t* 值。回归中按照基金会代码进行了 *cluster* 处理，并利用 *robust* 选项控制了异方差问题。

5.6 结论及启示

本章整合组织合法性理论和信号理论，以 2005～2013 年中国社会组织网所披露的基金会为研究样本，系统考察了微博自媒体披露、政治关联因素对非营利组织审计质量的影响及其作用机制。本章研究结果表明：

首先，微博作为最新的社交网络平台，在公众的信息分享与传播中扮演了越来越重要的角色。开通官方微博的基金会倾向于选择高质量的审计师，旨在向外界发送有利信号，化解信任危机和获得合法性认同，进而提高组织公信力。并且微博自媒体披露与审计质量之间的关系受到评估等级、基金会性质、党组织治理的影响，在评估等级低、民间性、没有设立党组织的基金会中，微博自媒体披露与审计质量之间正相关关系更为明显。

其次，在非营利组织发展初级阶段，由于市场机制与竞争机制缺失，监管行为尚不够规范，有政治关联的基金会可能受到政府"庇护"而降低选聘高质量审计师传递信号获得合法性认同的意愿。并且政治关联与审计质量之间的关系受到基金会性质和党组织治理的影响，在民间性、没有设立党组织的基金会中，无政治关联的基金会倾向于选择高质量的审计师这一现象更为明显。

最后，非营利评估等级越低、组织规模越大、非公募、民间性、注册地为发达地区、秘书长兼任理事长的基金会选择高质量审计师的可能性更大。

以上研究不仅丰富和拓展了非营利组织审计质量影响因素方面的研究，而且丰富了自媒体信息披露和政治关联对非营利组织行为影响的相关研究，并且将评估等级、基金会性质、党组织治理等情景因素纳入分析框架中，弥补了以往文献较少关注情景机制的不足。同时，研究结论为民政管理部门、捐赠者等利益相关方更好地理解非营利组织管理层行为，以及如何监督和约束非营利组织会计信息披露等方面具有一定的启示意义。

| 第 6 章 |

微博自媒体对非营利组织信息披露
质量影响的实证分析

高质量的信息披露有助于利益相关者掌握组织运营状况与财务信息，减少信息搜集成本，提高决策效率，也有利于降低信息不对称程度，抑制代理人的自利行为，优化资源配置。本章以 2005~2013 年中国社会组织网所披露的基金会为研究样本，实证检验了微博自媒体对非营利组织信息披露质量的影响及其作用机制。研究发现，开通官方微博的基金会信息披露质量更高，并且这一现象在秘书长兼任理事长的基金会中更为明显；同时还发现高管薪酬激励与微博自媒体对提高非营利组织信息披露质量具有替代作用。本章的发现丰富了非营利组织信息披露质量影响因素的研究，拓展了现有文献，对非营利组织信息披露及其内外部治理具有一定的参考价值。

6.1　问题的提出

媒体关注作为一种重要的外部治理机制，对企业经营行为起到监督和规范作用（Dyck & Zingales，2008；Joe et al.，2009）。现有文献对媒体关注如何影响企业行为做了大量的工作，梳理相关文献，媒体关注发挥治理作用的途径可归结为以下三个方面。第一，监督机制。媒体的信息传播、信息加工、信息解读功能等可以引起监管部门的注意，增加公司违规行为发现的概率，迫使企业管理者修正自己的不当行为，发挥监督作用（Dyck & Zingales，2008；李培功和沈艺峰，2010；罗进辉，2012；应千伟等，2017）。第二，声誉机制。媒体关注的强大舆论压力会影响企业以及管理者的声誉，迫使他们按照社会道德规范调整其行为模式（Dyck & Zingales，2008；于忠泊等，2012；罗进辉，2012；梁上坤，2017）。第三，市场压力机制。媒体关注的信息揭露和传播功能会影响投资者的决策和股价变动，进而对管理者的收益和行为产生影响（Kothari et al.，2009；Fang & Peress，2009；于忠泊等，2011；程博等，2017；杨道广等，2017）。

随着信息技术的发展，信息媒介已不再局限于报纸、网页，而呈现多元化的趋势，微博作为最新的社交网络平台，颠覆性地改变了信息的数量、类型及其传播方式（Miller & Kinner，2015；何贤杰等，2016；胡军等，2016），进而影响资本市场信息披露、信息中介、投资者行为等（Blankespoor et al.，2014；Miller & Kinner，2015；胡军和王甄，2015；何贤杰等，2016；胡军等，2016；徐巍和陈冬华，2016）。但是，现有研究更多地考察微博自媒体对资本市场参与者行为的影响，较少关注到这一新兴媒体如何影响非营利组织信息披露质量及其行为。

近年来，我国非营利组织得到了迅速发展，但连续遭遇一系列财务违规、慈善丑闻事件重创了行业的公信力，引起了社会公众的广泛质疑（程博，2012a）。现阶段探讨如何提高非营利组织治理水平和组织公信力是亟待解决的现实问题，也是学术界和实务界所面临的重要课题。本章关心的是，微博自媒体的应用是否对非营利组织信息披露质量产生影响？如果有影响，其作用机制是什么？

鉴于此，本章以2005～2013年中国社会组织网所披露的基金会为研究样本，系统考察了微博自媒体对非营利组织信息披露质量的影响，并检验了领导权结构和高管薪酬激励对上述关系的调节机制。研究结果表明：第一，微博自媒体披露可以有效约束和监督非营利组织管理层行为，有助于提高会计信息披露质量，表现为开通官方微博的基金会信息披露质量更高。第二，基金会领导权结构正向调节微博自媒体与信息披露质量之间的正相关关系，即两职合一的领导权结构显著增强了微博自媒体与信息披露质量之间的正相关关系，符合"资源依赖假说"。第三，基金会高管薪酬激励负向调节微博自媒体与信息披露质量之间的正相关关系，即基金会高管薪酬激励与基金会选择微博自媒体披露对信息披露质量的提升具有替代作用。上述结论在充分考虑异方差、样本自选择、改变变量测量方式等问题的影响后依然稳健。

本章的贡献主要体现在：首先，本章的研究丰富了微博自媒体的治理效应方面的文献。现有文献主要集中在微博自媒体这一外部治理机制对资本市场的治理作用（Blankespoor et al., 2014；Miller & Kinner, 2015；胡军和王甄，2015；何贤杰等，2016；胡军等，2016；徐巍和陈冬华，2016），而本章则是以非营利组织为研究对象，提供了微博自媒体治理作用的经验证据，使得文献更为完整和系统。其次，丰富和拓展了非营利组织信息披露质量影响因素方面的研究，并将领导权结构、高管薪酬激励情景因素纳入非营利组织信息披露质量分析框架之中，有助于厘清了微博自媒体对信息披露质量影响的作用机制。最后，本章的结论为民政管理部门、捐赠者等利益相关方更好地理解非营利组织及其管理层行为，以及如何提高非营利组织信息披露质量和组织公信力等方面具有一定的参考价值。

6.2　理论分析与研究假设

非营利组织是独立于市场部门与行政部门的公益性组织，其成立目的旨在解决政府做不了或做不好、市场不好做或者交易成本太高的工作，它提供部分公共物品与服务配送（张纯，2007；程博等，2011）。非营利组织作为现代三元社会结构体系中的重要组织部分，在转型时期的社会活动中发挥着重要的作用。近年来，我国非营利组织得到了迅速发展，截止到 2016 年年底，全国共有社会组织 69.9 万个，其中基金会 5523 个，社会团队 33.5 万个，民办非企业单位 35.9 万个[①]。据基金会中心网实时统计，2016 年 12 月 31 日全国已注册的基金会数量达 5545 家，其中 28% 的是公募基金会（1565 家），72% 的为非公募基金会（3980 家）[②]。但是，整体来看，我国非营利组织管理水平、信息披露等方面与爆炸式发展态势存在着明显的脱节，尤其是频发的财务违规、责任缺失、暗箱操作等一系列丑闻事件重创了行业的公信力，由此出现了社会公众和媒体对"问责风暴"的期待，舆论和媒体的"轰炸"，

---

① 民政部 2016 年第四季度全国社会服务统计数据。
② 《慈善蓝皮书：中国慈善发展报告（2017）》。

不信任快速蔓延，导致非营利组织面临严重的信任危机（程博，2012b）。正如美国卡耐基基金会前主席卢塞尔所说，慈善事业要有玻璃做的口袋，唯其透明，才有公信。2014 年 10 月 19 日，李克强总理在主持召开的国务院常务会议上也强调："确定发展慈善事业措施，强化行业自律和社会监督，增强慈善组织公信力，把慈善事业做成人人信息的'透明口袋'……"。可见，建立透明慈善，实现阳光募捐，提高信息透明度和组织公信力日益迫切。

美国财务会计准则委员会（FASB）和国际会计准则理事会（IASB）的概念框架中指出："财务报告应对现在和潜在的投资者、债权人和其他报告使用者做出合理的投资、筹资、分配以及类似决策提供有用信息"。高质量的信息披露有助于传递组织经营与财务信息，帮助利益相关者进行决策（Holthausen & Leftwich，1983；张先治等，2014），也有利于降低信息不对称程度，抑制代理人的自利行为，优化资源配置（Chen et al.，2007；Biddle & Hilary，2009；Jung et al.，2014；Cheng et al.，2017）。具体到非营利组织信息披露，已有研究发现，组织规模、组织性质、政府审计、资产负债率、内外部治理机制等因素与非营利组织信息披露质量有关（Gordon et al.，2002；Greenlee et al.，2007；Rodríguez et al.，2012；Yetman M. H. & Yetman R. J.，2012；张立民等，2012；刘亚莉等，2013；刘丽珑和李建发，2015；陈丽红、张龙平和杜建军，2014；陈丽红、张龙平和李青原，2015）。近年来，随着信息技术的发展和普及，已有学者开始关注新媒体对非营利组织的治理作用，发现战略、能力、治理、环境等因素影响非营利组织在线披露水平，进而影响捐赠者行为（Saxton & Guo，2011；Rodríguez et al.，2012；Saxton et al.，2012；赵阿敏和曹桂全，2013；刘志明等，2013）。

前已述及，媒体关注是一种重要的公司外部治理机制，通过三条路径（监督机制、声誉机制、市场压力机制）监督和约束企业行为（Dyck & Zingales，2008；Joe et al.，2009；李培功和沈艺峰，2010；于忠泊等，2011；罗进辉，2012；程博等，2017）。毫无疑问，媒体关注在非营利组织治理中同样发挥着重要的作用（Balsam & Harris，2014；李晗等，2015；赵晓，2016）。而微博作为最新的社交网络平台，具有及时、快捷、便利、精准传递等优点，对组织行为的监督和规范作用比传统媒体可能更为有效。本书认为，开通官方微博披露的基金会信息披露质量更高，这是因为：微博自媒体对基金会信息披露质量的影响主要通过监督和声誉两种机制实现。具体而言，微博的"转发"功能使得信息短时间内发生裂变，由此形成的舆论焦点比传统媒体能更好地吸引社会公众的眼球，引起管理部门、捐赠者等利益相关者关注和问责，进而抑制基金会管理层的自利行为。管理层为维护自身声誉，会主动修正自己的不当行为，有动机和动力采取措施提高基金会治理水平，其信息披露质量也相应越高。据此，本章提出如下研究假说 H1：

H1：限定其他条件，开通官方微博的基金会信息披露质量越高。

砝码和詹森（Fama & Jensen，1983）指出，尽管非营利组织缺少剩余要求权，但并没有完全消除委托人（捐赠人、理事会）与代理人（管理层）之间的代理问题。正因为委托－代理关系的存在，委托人和代理人在信息获取和传递中可能存在不一致或不完全，这就出现了信息不对称，容易诱发代理人自利行为（程博，2012b）。理事会作为非营利组织最高决策机构，在非营利组织中扮演着类似营利公司中董事会的角色，具有边界跨越和资源吸纳的功能；而秘书长则作为非营利组织运营决策的最高执行官（类似营利公司中的 CEO），很大程度上掌控着组织的运营、投资、筹资等战略决策行为（O'Regan & Oster，2005）。

值得注意的是，领导权结构一定程度上可以反映理事会成员是否能够对秘书长进行有效的监督和约束，进而影响到信息披露质量和组织治理水平（马晨和张俊瑞，2012）。代理理论认为，管理决策权（秘书长）和决策控制权（理事长）集中在一人的领导权结构降低了理事会监督管理层的有效性（Fama & Jensen，1983；Efendi et al.，2007）。这种领导权结构安排使得秘书长拥有较大的权利，秘书长有动机和能力使用自己权力俘获或对理事会加以控制，以至于理事会难以发挥有效地监督管理层的机会主义行为，滋生了管理层操纵报表的以谋取私利的空间，从而降低信息披露质量，即"有效监督假说"。资源依赖理论认为，两职合一的领导权结构有助于秘书长与理事会之间信息沟通的改善，便于集中决策以及决策效率，进而有利于提高组织资源获得的能力、筹资能力、加强外部联系和树立组织形象（Callen et al.，2010；刘丽珑，2015）。秘书长兼任理事长两职合一的领导权结构安排能够激励和激发秘书长的竞争意识和创造性，秘书长有动机提高信息披露质量向外界释放合法性信号，获得社会公众、媒体等利益相关者的认同，提高组织公信力，树立良好的个人和组织形象，即"资源依赖假说"。据此，本章提出如下竞争性研究假说：

H2a：限定其他条件，如符合"有效监督假说"，两职合一的领导权结构显著削弱了微博自媒体与信息披露质量之间的正相关关系。即开通官方微博的基金会信息披露质量越高这一现象在秘书长未兼任理事长的基金会中更为明显。

H2b：限定其他条件，如符合"资源依赖假说"，两职合一的领导权结构显著增强了微博自媒体与信息披露质量之间的正相关关系。即开通官方微博的基金会信息披露质量越高这一现象在秘书长兼任理事长的基金会中更为明显。

薪酬契约是委托人设计的、用于约束和激励代理人的机制，有效的薪酬机制能在一定程度上对管理层的才能和努力作出补偿，有助于缓解管理层自利行为引发的代理问题（Jensen & Meckling，1976）。已有文献表明，高管薪酬对公司会计政策的选择具有显著的影响，并且高管倾向于对会计信息进行盈余管理以达到自身利益的最大化①（Healy，1985；Watts & Zimmerman，1986；Healy & Palepu，2001；Gul et al.，2010）。杜兴强和温日光（2007）、王野等（2009）、王生年和尤明渊（2015）等结合中国制度背景实证检验发现，高管薪酬激励机制可以很好地协同管理层与股东的利益，有助于提高公司信息披露质量。本书认为，高管薪酬激励与微博自媒体对提高信息披露质量具有替代作用，这是因为：提高信息披露质量问题的根源是解决代理问题，而合理有效的薪酬契约促使非营利组织委托人与受托人的目标相一致，可以有效缓解代理冲突，激励管理层勤勉尽职工作，并及时、真实、客观地进行信息披露；而微博自媒体通过监督和声誉两种机制同样也可以促使非营利组织有动机和动力提高信息披露质量。据此，本章提出如下研究假说H3：

H3：限定其他条件，高管薪酬激励显著负向调节微博自媒体与信息披露质量之间的正相关关系。即高管薪酬激励与微博自媒体对提高信息披露质量具有替代作用。

综合上述理论分析与研究假说的论述，概括本章研究逻辑框架如图6.1所示。

---

① 希利（Healy，1985）在《分红计划对会计决策的影响》（*The effect of bonus schemes on accounting decisions*）一文中指出，管理层会最大化当期盈余（当期报告净利润）以获得尽可能多的薪酬，但当会计盈余超过可能获得奖励的最高限额，或低于可获得奖励的下限时，管理层会采用"洗大澡"（taking a bath）的方式，降低当期盈余，为以后获得奖励做好盈余准备。

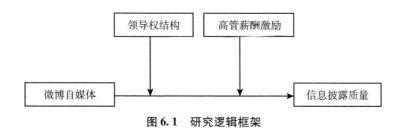

图 6.1   研究逻辑框架

6.3   研 究 设 计

6.3.1   样本选择与数据来源

为了考察微博自媒体对非营利组织信息披露质量的影响，本章选取
2005～2013 年中国社会组织网所披露的基金会为研究样本。由于我国《基金
会信息公布办法》于 2006 年 1 月 12 日公布施行，并规定基金会应当下一年
3 月 31 日前，向登记管理机关报送年度工作报告[①]，因此，研究样本起始点
设定为 2005 年。本章主要数据从中国社会组织网的基金会子站年度工作报告
所披露基金会的基本信息、机构建设情况、业务活动情况、财务会计报告、
接受监督与管理的情况、审计意见、监事意见和其他信息等内容中手工提
取[②]。为了尽可能保持样本完整性，对中国社会组织网基金会子站披露信息
不全的样本，通过中国基金会网、基金会官方网站以及百度搜索补充相关信
息，研究期间共披露 1227 份年度工作报告，剔除披露重复、模型中主要变量
和控制变量有缺失值的样本，最终获取 1095 个基金会年度观测值（样本年度
分布情况与第五章表 5.1 相同）。为了控制异常值的干扰，相关连续变量均在
1% 和 99% 水平上进行 winsorize 处理。

---

① 我国基金会从 2005 年开始披露年度工作报告，根据《基金会信息公布办法》第五条规定：
"信息公布义务人应当在每年 3 月 31 日前，向登记管理机关报送上一年度的年度工作报告。登记管理
机关审查通过后 30 日内，信息公布义务人按照统一的格式要求，在登记管理机关指定的媒体上公布
年度工作报告的全文和摘要。信息公布义务人的财务会计报告未经审计不得对外公布。"

② 网站链接：http：//www. chinanpo. gov. cn/dc/listTitleReportAll. do？ netTypeId = 2。

6.3.2 模型设定和变量说明

为了检验假说 H1 - H3, 本章将待检验的回归模型设定为:

$$Acc = \alpha + \beta_1 \times Microblog + \beta_2 \times Microblog \times Dual + \beta_3 \times Dual + \beta_4 \times Size$$
$$+ \beta_5 \times Gov + \beta_6 \times Adm + \beta_7 \times Big100 + \beta_8 \times Accsum + \beta_9 \times Saccsum$$
$$+ \beta_{10} \times Branum + \beta_{11} \times Spefund + \beta_{12} \times Off + \beta_{13} \times Age + \beta_{14} \times Area$$
$$+ \sum Ind + \sum Year + \varepsilon \qquad (6.1)$$

$$Acc = \alpha + \beta_1 \times Microblog + \beta_2 \times Microblog \times LnPay + \beta_3 \times LnPay + \beta_4 \times Size$$
$$+ \beta_5 \times Gov + \beta_6 \times Adm + \beta_7 \times Big100 + \beta_8 \times Accsum + \beta_9 \times Saccsum$$
$$+ \beta_{10} \times Branum + \beta_{11} \times Spefund + \beta_{12} \times Off + \beta_{13} \times Age + \beta_{14} \times Area$$
$$+ \sum Ind + \sum Year + \varepsilon \qquad (6.2)$$

其中, Acc 为被解释变量, 表示基金会的信息披露质量。根据中国社会组织网基金会子站年度报告中其他信息栏中披露的资料统计, 在 1095 个有效样本观测值中, 选择报纸、网站、杂志三种媒体之一的样本为 330 个, 占比 30.1%; 选择两种及以上媒体的样本为 225 个, 占比 20.6%, 没有披露媒体指定方式的 540 个, 占比 49.3%。通常来说, 基金会财务报告信息质量越高, 越有可能选择多渠道、多形式进行公开披露。参考刘亚莉等 (2013) 的研究, 从财务信息披露的渠道方式入手, 当基金会年度报告中披露的媒体方式为两种及两种以上时, Acc 赋值为 1, 否则 Acc 赋值为 0。

Microblog 为关键解释变量。Microblog 表示是否开通新浪官方微博, 并且必须是加蓝 V 认证的基金会总部微博 (样式如第 5 章图 5.3 所示)。之所以选择新浪微博, 这是因为: 该微博是由新浪网提供的微型博客服务类社交网站, 用户可以通过手机或者电脑随时随地的发布信息或上传图片, 进行分享、讨论。并且该微博于 2014 年 4 月 17 日在纳斯达克股票上市 (股票代码: WB), 其用户量是其他社交平台和微博平台无法比拟的。根据中国社会组织网站基金会子站披露年度工作报告的基金会资料, 通过手工整理, 剔除重复的相关信息, 最终获得 1095 个基金会年度有效样本观测值, 其中有 46 家基金会 107 个样本开通了微博。当基金会开通新浪官方微博后 Microblog 赋值为 1, 否则 Microblog 赋值为 0 (胡军和王甄, 2015)。

Dual 和 LnPay 为调节变量。领导权结构一定程度上可以反映理事会能否对基金会秘书长进行有效的监督和约束，进而影响基金会信息披露质量的有效性。借鉴马晨和张俊瑞（2012）的研究，将基金会秘书长兼任理事长时，两职合一的领导权结构 *Dual* 赋值为 1，否则 *Dual* 赋值为 0。薪酬契约是委托人设计的、用于约束和激励代理人的机制，有效的薪酬机制能在一定程度上对管理层的才能和努力作出补偿，有助于缓解管理层自利行为引发的代理问题（Jensen & Meckling，1976）。基金会年度工作报告中披露了秘书长的薪酬，这为考察薪酬激励创造了良好的条件。参照吴育辉和吴世农（2010）、方军雄（2011）等对上市公司高管薪酬的度量方法，本章使用秘书长的货币化薪酬来度量基金会高管薪酬激励水平（LnPay）。

参考以往文献的常用设定（张立民等，2012；刘亚莉等，2013；陈丽红、张龙平和杜建军，2014；陈丽红、张龙平和李青原，2015），本章在回归模型中控制了组织规模（*Size*）、基金会性质（*Gov*）、管理效率（*Adm*）、审计师选择（*Big*100）、募集方式（*Off*）、成立年限（*Age*）和注册地点（*Area*）。不可否认的是，财会人员数量及能力、业务复杂程度等都会信息披露质量产生影响，因此，本书在回归模型中还控制了财会人员规模（*Accsum*）、财会人员能力（*Saccsum*）、分支机构数量（*Branum*）和专项基金数量（*Spefund*）。此外，回归模型中还加入了行业（*Ind*）和年度（*Year*）哑变量，以控制行业效应和年度效应。本章涉及新增变量定义如表6.1所示，其他变量与第5章表5.2定义一致。

表 6.1　　　　　　　　　　　　　　　　　变量定义

变量	变量具体定义及测度
Acc	信息披露质量，当基金会年报采用两种及两种以上媒体披露时，赋值为1，否则赋值为0
LnPay	高管薪酬激励，基金会秘书长薪酬总额加1的自然对数

6.3.3　变量描述性统计

表6.2报告了变量的描述性统计结果。由表6.2的结果可知，样本中约20.6%的基金会选择了两种及两种以上的媒体披露年度工作报告（*Acc*）；约

表6.2

变量描述性统计结果

变量	均值	标准差	Acc	Microblog	Dual	LnPay	Size	Gov	Adm	Big100	Accsum	Saccsum	Branum	Spefund	Off	Age	Area
Acc	0.206	0.404	1														
Microblog	0.098	0.297	0.221***	1													
Dual	0.092	0.289	-0.068**	-0.052*	1												
LnPay	2.719	4.732	0.196***	0.226***	0.083***	1											
Size	17.323	2.524	0.204***	0.117***	-0.038	0.100***	1										
Gov	0.324	0.468	-0.149***	-0.136***	-0.019	-0.148***	0.016	1									
Adm	0.457	2.633	0.003	-0.016	0.029	-0.016	-0.011	0.073**	1								
Big100	0.459	0.499	0.139***	0.104***	0.054*	0.108***	0.108***	-0.122***	-0.016	1							
Accsum	2.119	0.642	0.153***	0.078***	-0.010	0.051*	0.271***	-0.034	-0.060**	0.035	1						
Saccsum	0.087	0.202	0.050*	0.054*	0.035	0.063*	0.070**	-0.109***	-0.023	0.040	0.033	1					
Branum	0.340	1.241	0.048	0.034	-0.011	0.035	-0.001	0.133***	0.007	-0.025	-0.020	0.015	1				
Spefund	1.749	7.317	0.212***	0.122***	-0.041	0.189***	0.152***	-0.111***	-0.036	0.002	0.170***	0.049	0.083***	1			
Off	0.608	0.488	0.024	-0.038	0.049	0.113***	0.042	0.208***	0.046	-0.094***	0.131***	-0.056*	0.134***	0.035	1		
Age	2.107	1.01	0.083***	0.029	0.111***	0.217***	0.138***	0.143***	0.038	-0.016	0.186***	-0.056*	0.168***	0.019	0.504***	1	
Area	0.86	0.347	-0.017	-0.009	0.028	0.100***	0.046	0.161***	0.032	0.123***	0.013	-0.136***	0.017	-0.092***	0.265***	0.239***	1

注：$*p<0.10$，$**p<0.05$，$***p<0.01$；$N=1095$。

10%的样本开通了新浪官方微博（*Microblog*），9.2%的基金会采取的秘书长兼任理事长两职合一的领导权结构（*Dual*）治理模式。基金会秘书长薪酬（LnPay）的均值为 2.719，标准差为 4.732，表明我国基金会秘书长薪酬存在较大差异。组织规模（*Size*）的均值和标准差分别为 17.323 和 2.524，这表明我国基金会规模差异较大，发展较不均衡；样本中有 32.4%属于官方性基金会（*Gov*）。管理效率（*Adm*）的均值和标准差 0.457 和 2.633，整体来看，管理效率还有待进一步提高；约 46%的基金会选择了"百强"会计师事务所审计（*Big*100）。基金会财会人员规模（*Accsum*）均值为 2.119，基金会高级职称和注册会计师占财会人员数量之比（*Saccsum*）的均值为 0.087，分支机构（*Branum*）和专项基金（*Spefund*）的均值分别为 0.340 和 1.749。样本中有 60.8%的基金会为公募基金会（*Off*），成立年限（*Age*）的均值为 2.107，86%的基金会注册地点为发达地区（*Area*）。

进一步来看，微博自媒体披露（*Microblog*）与信息披露质量（*Acc*）的相关系数为 0.221，且在 1%的水平上显著，初步支持本章假说 H1 的预期；两职合一的领导权结构（*Dual*）与信息披露质量（*Acc*）的相关系数为 -0.068，且在 5%的水平上显著，秘书长薪酬（Lnpay）与信息披露质量（*Acc*）的相关系数为 0.196，且在 1%的水平上显著，而其他控制变量的相关系数则较低，大部分相关系数在 0.30 以内，这说明变量之间不存在严重的多重共线性问题。

6.4　实证结果与分析

6.4.1　领导权结构的调节机制

表 6.3 报告了微博自媒体、领导权结构与信息披露质量关系的检验结果。列（1）为基准模型，包含了控制变量和调节变量（*Dual*）；列（2）在列（1）的基础上，加入了关键解释变量（*Microblog*）；列（3）则是在列（2）的基础上，进一步了加入解释变量（*Microblog*）与调节变量（*Dual*）的交互

项，以此检验领导权结构（Dual）的调节效应是否存在。列（2）的估计结果显示，在控制其他因素的影响后，变量微博自媒体（Microblog）的回归系数为 0. 9072（t = 4. 58），在 1% 的显著水平上正相关，并且在列（3）中依旧显著为正（beta = 0. 8119，t = 3. 87，p < 0. 01），这表明开通官方微博的基金会信息披露质量越高，证实了本章假说 H1。列（3）的估计结果显示，在控制其他因素的影响后，微博自媒体（Microblog）与领导权结构（Dual）的交互项 Microblog × Dual 的回归系数为 2. 0345（t = 1. 99），且在 1% 的水平上显著为正，这表明秘书长兼任理事长两职合一的领导权结构正向调节微博自媒体与信息披露质量之间的正相关关系，证实了本章假说 H2b，符合"资源依赖假说"。为了更加形象地说明领导权结构对微博自媒体与信息披露质量关系的调节作用，根据表 6. 3 中回归结果绘制了图 6. 2，从图 6. 2 可以清晰看出，两职合一的领导权结构显著增强了微博自媒体与信息披露质量之间的正相关关系。

表 6.3　　微博自媒体与信息披露质量的关系检验：领导权结构的调节作用

变量	（1）	（2）	（3）
Microblog		0. 9072 *** （4. 58）	0. 8119 *** （3. 87）
Microblog × Dual			2. 0345 ** （1. 99）
Dual	− 0. 7628 ** （− 2. 12）	− 0. 7210 ** （− 2. 13）	− 0. 9923 *** （− 2. 96）
Size	0. 4793 *** （6. 33）	0. 4530 *** （6. 09）	0. 4442 *** （6. 04）
Gov	− 0. 9354 *** （− 4. 23）	− 0. 8530 *** （− 3. 79）	− 0. 8599 *** （− 3. 82）
Adm	0. 0331 （1. 32）	0. 0329 （1. 39）	0. 0332 （1. 40）
Big100	0. 7109 *** （3. 90）	0. 6591 *** （3. 59）	0. 6500 *** （3. 54）

续表

变量	(1)	(2)	(3)
Accsum	−0.0373 (−0.23)	−0.0428 (−0.27)	−0.0424 (−0.26)
Saccsum	0.1175 (0.29)	0.0792 (0.20)	0.0727 (0.19)
Branum	0.0969 (1.23)	0.0837 (1.01)	0.0867 (1.08)
Spefund	0.0326 ** (2.52)	0.0299 ** (2.46)	0.0304 ** (2.48)
Off	0.0719 (0.31)	0.1164 (0.51)	0.1459 (0.64)
Age	0.3196 *** (2.72)	0.3040 *** (2.62)	0.3005 *** (2.59)
Area	−0.3960 (−1.52)	−0.3936 (−1.58)	−0.3707 (−1.47)
Constant	−10.3725 *** (−8.56)	−10.0031 *** (−8.52)	−9.8572 *** (−8.53)
Ind	Yes	Yes	Yes
Year	Yes	Yes	Yes
Pseudo R^2	0.1495	0.1630	0.1661
Chi^2	134.0354	179.1652	188.9235
N	1095	1095	1095

注: $*p<0.10$, $**p<0.05$, $***p<0.01$, 括号内为 *t* 值。回归中按照基金会代码进行了 *cluster* 处理, 并利用 *robust* 选项控制了异方差问题。

由表6.3进一步可知, 两职合一的领导权结构 (*Dual*) 与信息披露质量 (*Acc*) 显著负相关, 这表明两职合一的领导权结构一定程度削弱了理事会对秘书长有效监督, 降低了信息披露质量, 与萨卡尔等 (Sarkar et al., 2008) 对上市公司领导权结构如何影响财务报告质量的研究发现一致。从控制变量来看, 组织规模越大 ($p<0.01$)、民间性 ($p<0.01$)、选择 "百强" 审计师

（$p < 0.01$）、专项基金数量越多（$p < 0.05$）、成立年限越长（$p < 0.01$）的基金会信息披露质量越高。

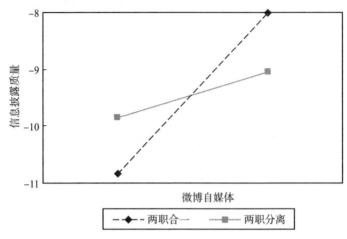

图 6.2　领导权结构的调节作用

6.4.2　高管薪酬激励的调节机制

表 6.4 报告了微博自媒体、高管薪酬激励与信息披露质量关系的检验结果。列（1）为基准模型，包含了控制变量和调节变量（LnPay）；列（2）在列（1）的基础上，加入了关键解释变量（*Microblog*）；列（3）则是在列（2）的基础上，进一步了加入解释变量（*Microblog*）与调节变量（LnPay）的交互项，以此检验基金会高管薪酬激励（LnPay）的调节效应是否存在。列（2）的估计结果显示，在控制其他因素的影响后，变量微博自媒体（*Microblog*）的回归系数为 0.8139（$t = 3.74$），仍在 1% 的显著水平上正相关，并且在列（3）中依然显著为正（$beta = 1.0983$，$t = 4.67$，$p < 0.01$），这仍然表明开通官方微博的基金会信息披露质量越高，再次证实了本章假说 H1。列（3）的估计结果显示，在控制其他因素的影响后，基金会高管薪酬激励（LnPay）的回归系数显著为正（$beta = 0.0637$，$t = 3.14$，$p < 0.01$），微博自媒体（*Microblog*）与基金会高管薪酬激励（LnPay）的交互项 $Microblog \times LnPay$ 的回归系数为 -0.1016（$t = -2.67$），且在 1% 的水平上显著为负，这

表明基金会高管薪酬激励负向调节微博自媒体与信息披露质量之间的正相关关系，意味着基金会高管薪酬激励与基金会选择微博自媒体披露对提高信息披露质量具有替代作用，检验结果支持本章假说 H3。为了更加形象地说明高管薪酬激励对微博自媒体与信息披露质量关系的调节作用，根据表6.4中回归结果绘制了图6.3，从图6.3可以清晰看出，基金会高管薪酬激励显著削弱了微博自媒体与信息披露质量之间的正相关关系。

表6.4　微博自媒体与信息披露质量的关系检验：薪酬激励的调节作用

变量	（1）	（2）	（3）
Microblog		0.8139 *** (3.74)	1.0983 *** (4.67)
Microblog × LnPay			−0.1016 *** (−2.67)
LnPay	0.0555 *** (3.12)	0.0449 ** (2.42)	0.0637 *** (3.14)
Size	0.4848 *** (6.38)	0.4616 *** (6.11)	0.4616 *** (6.15)
Gov	−0.8029 *** (−3.52)	−0.7488 *** (−3.20)	−0.7557 *** (−3.34)
Adm	0.0332 (1.29)	0.0326 (1.32)	0.0359 (1.42)
*Big*100	0.6277 *** (3.48)	0.5915 *** (3.27)	0.5579 *** (3.07)
Accsum	−0.0071 (−0.04)	−0.0186 (−0.11)	−0.0011 (−0.01)
Saccsum	0.0198 (0.05)	−0.0037 (−0.01)	0.0158 (0.04)
Branum	0.1007 (1.17)	0.0879 (0.99)	0.0848 (0.96)

续表

变量	（1）	（2）	（3）
Spefund	0.0270 ** (2.08)	0.0255 ** (2.09)	0.0249 ** (2.01)
Off	0.0500 (0.21)	0.0961 (0.42)	0.1251 (0.53)
Age	0.2179 * (1.89)	0.2196 * (1.91)	0.2281 * (1.94)
Area	−0.4049 (−1.51)	−0.3988 (−1.54)	−0.3808 (−1.46)
Constant	−10.3603 *** (−8.38)	−10.0537 *** (−8.29)	−10.1389 *** (−8.34)
Ind	Yes	Yes	Yes
Year	Yes	Yes	Yes
Pseudo R²	0.1543	0.1647	0.1701
Chi²	136.5298	178.2454	180.6619
N	1095	1095	1095

注：$*p<0.10$，$**p<0.05$，$***p<0.01$，括号内为 t 值。回归中按照基金会代码进行了 *cluster* 处理，并利用 *robust* 选项控制了异方差问题。

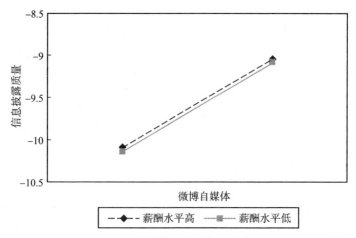

图 6.3　高管薪酬激励的调节作用

由表6.4仍然可以看出，控制变量组织规模越大（$p < 0.01$）、民间性（$p < 0.01$）、选择"百强"审计师（$p < 0.01$）、专项基金数量越多（$p < 0.05$）、成立年限越长（$p < 0.01$）的基金会信息披露质量更高。

6.4.3 替代变量的稳健性检验

为了确保结论的稳健，改变微博自媒体测量指标进行稳健性分析。本章以基金会新浪官方微博年微博数量加1的自然对数来度量微博自媒体披露情况（Microblog）。表6.5报告了改变变量测量的稳健性检验结果。列（1）为基准模型，包含了控制变量和调节变量（Dual 和 LnPay）；列（2）在列（1）的基础上，加入了关键解释变量（Microblog）；列（3）、列（4）则分别是在列（2）的基础上，进一步了加入解释变量（Microblog）与调节变量（Dual）、（LnPay）的交互项，以此检验领导权结构（Dual）、高管薪酬激励（LnPay）的调节效应是否存在；列（5）为全模型。

表6.5   改变变量测量检验结果

变量	(1)	(2)	(3)	(4)	(5)
Microblog		0.1063 *** (3.48)	0.0868 *** (2.85)	0.1498 *** (4.23)	0.1267 *** (3.54)
Microblog × Dual			0.4550 *** (2.76)		0.4001 ** (2.39)
Microblog × LnPay				−0.0137 ** (−2.53)	−0.0114 ** (−2.10)
Dual	−0.7947 ** (−2.10)	−0.7453 ** (−2.14)	−1.0989 *** (−3.32)	−0.8526 ** (−2.54)	−1.1432 *** (−3.40)
LnPay	0.0569 *** (3.14)	0.0460 ** (2.41)	0.0518 *** (2.78)	0.0631 *** (3.10)	0.0651 *** (3.21)
Size	0.4684 *** (6.12)	0.4454 *** (5.87)	0.4330 *** (5.78)	0.4420 *** (5.89)	0.4318 *** (5.81)

变量	（1）	（2）	（3）	（4）	（5）
Gov	− 0. 8317 ***	− 0. 7904 ***	− 0. 7924 ***	− 0. 8010 ***	− 0. 8002 ***
	（ − 3. 63）	（ − 3. 34）	（ − 3. 37）	（ − 3. 49）	（ − 3. 50）
Adm	0. 0336	0. 0333	0. 0338	0. 0364	0. 0362
	（1. 29）	（1. 33）	（1. 34）	（1. 43）	（1. 41）
Big100	0. 6727 ***	0. 6437 ***	0. 6296 ***	0. 6224 ***	0. 6129 ***
	（3. 67）	（3. 50）	（3. 42）	（3. 35）	（3. 30）
Accsum	− 0. 0052	− 0. 0158	− 0. 0107	0. 0099	0. 0091
	（ − 0. 03）	（ − 0. 10）	（ − 0. 07）	（0. 06）	（0. 06）
Saccsum	0. 0581	0. 0320	− 0. 0002	0. 0602	0. 0305
	（0. 14）	（0. 08）	（ − 0. 00）	（0. 15）	（0. 08）
Branum	0. 0981	0. 0834	0. 0877	0. 0769	0. 0813
	（1. 16）	（0. 95）	（1. 03）	（0. 88）	（0. 95）
Spefund	0. 0264 **	0. 0255 **	0. 0255 **	0. 0244 **	0. 0246 **
	（2. 03）	（2. 08）	（2. 07）	（1. 99）	（1. 99）
Off	0. 0698	0. 1124	0. 1554	0. 1454	0. 1763
	（0. 29）	（0. 48）	（0. 66）	（0. 61）	（0. 74）
Age	0. 2425 **	0. 2465 **	0. 2344 **	0. 2615 **	0. 2484 **
	（2. 11）	（2. 14）	（2. 04）	（2. 21）	（2. 11）
Area	− 0. 4442 *	− 0. 4498 *	− 0. 4299 *	− 0. 4523 *	− 0. 4329 *
	（ − 1. 71）	（ − 1. 79）	（ − 1. 69）	（ − 1. 79）	（ − 1. 70）
Constant	− 10. 0635 ***	− 9. 7445 ***	− 9. 5285 ***	− 9. 7840 ***	− 9. 5887 ***
	（ − 8. 09）	（ − 7. 97）	（ − 7. 94）	（ − 8. 03）	（ − 7. 99）
Ind	Yes	Yes	Yes	Yes	Yes
Year	Yes	Yes	Yes	Yes	Yes
Pseudo R^2	0. 1596	0. 1680	0. 1734	0. 1726	0. 1765
Chi^2	148. 2028	193. 0453	213. 6198	201. 5796	219. 2722
N	1095	1095	1095	1095	1095

注： $*p < 0.10$ ， $**p < 0.05$ ， $***p < 0.01$ ，括号内为 t 值。回归中按照基金会代码进行了 cluster 处理，并利用 robust 选项控制了异方差问题。

表6.5 中列（2）的估计结果显示，在控制其他因素的影响后，变量微博自媒体（*Microblog*）的回归系数为0.1063（*t* = 3.48），在 1% 的显著水平上正相关，并且在列（3）至列（5）仍然显著为正（*p* < 0.01），检验结果仍然支持本章假说 H1，表明开通官方微博的基金会信息披露质量越高。列（3）的估计结果显示，在控制其他因素的影响后，微博自媒体（*Microblog*）与领导权结构（*Dual*）的交互项 *Microblog* × *Dual* 的回归系数为0.4550（*t* = 2.76），且在 1% 的水平上显著为正，本章假说 H2*b* 再次得到验证（调节作用如图 6.4 所示），说明两职合一的领导权结构增强了微博自媒体与信息披露质量之间的正相关关系。列（4）的估计结果显示，在控制其他因素的影响后，基金会高管薪酬激励（Ln*Pay*）的回归系数显著为正（*beta* = 0.0631，*t* = 3.21，*p* < 0.01），微博自媒体（*Microblog*）与高管薪酬激励（Ln*Pay*）的交互项 *Microblog* × Ln*Pay* 的回归系数为 −0.0137（*t* = −2.53），且在 5% 的水平上显著为负，本章假说 H3 再次得到验证（调节作用如图 6.5 所示），说明基金会高管薪酬激励与微博自媒体对提高信息披露质量具有替代作用。列（5）为全模型，以上检验结果未发生实质性改变。

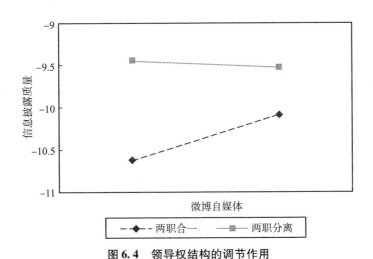

图 6.4　领导权结构的调节作用

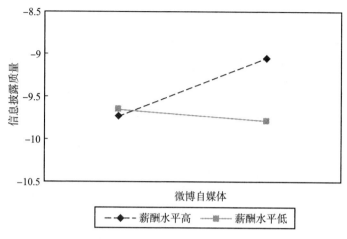

图 6.5　高管薪酬激励的调节作用

从表 6.5 进一步可以看出，两职合一的领导权结构（*Dual*）与信息披露质量（*Acc*）显著负相关，基金会高管薪酬激励（*LnPay*）与信息披露质量（*Acc*）显著正相关。控制变量组织规模越大（$p < 0.01$）、民间性（$p < 0.01$）、选择"百强"审计师（$p < 0.01$）、专项基金数量越多（$p < 0.05$）、成立年限越长（$p < 0.01$）的基金会信息披露质量越高。

6.4.4　控制样本选择偏误的检验

尽管前文的分析能够为微博自媒体影响基金会信息披露质量提供强有力的经验证据，但是，为了确保结论稳健可靠，须考虑微博自媒体披露对基金会信息披露质量的影响可能受到样本自选择问题的干扰，即是否因基金会信息披露质量高而选择开通微博自媒体披露，由此导致微博自媒体与信息披露质量之间呈正相关关系呢？为了缓解这一问题的影响，本章采用赫克曼两阶段回归法控制样本选择偏误（Heckman，1979），首先，构建一个微博自媒体披露的选择模型（6.3），关键解释变量为基金会秘书长是否专职（*Secftime*）和是否与上市公司关联（*Connection*）两个外生变量；其次，根据选择模型（6.3）计算出逆米尔斯比率（inverse Mills ratio，IMR），再将计算出的逆米尔斯比率（*IMR*）代入到计量模型（6.4）和模型（6.5）进行第二阶段的回归。赫克曼第一阶段选择模型为：

$$
\begin{aligned}
Probit(Microblog) = {} & \alpha + \beta_1 \times Secftime + \beta_2 \times Connection + \beta_3 \times Size + \beta_4 \times Gov \\
& + \beta_5 \times Adm + \beta_6 \times Dual + \beta_7 \times Opinion + \beta_8 \times Accsum \\
& + \beta_9 \times Saccsum + \beta_{10} \times Branum + \beta_{11} \times Spefund + \beta_{12} \times Off \\
& + \beta_{13} \times Age + \beta_{14} \times Area + \sum Ind + \sum Year + \varepsilon \quad (6.3)
\end{aligned}
$$

赫克曼第二阶段回归模型为：

$$
\begin{aligned}
Acc = {} & \alpha + \beta_1 \times Microblog + \beta_2 \times Microblog \times Dual + \beta_3 \times Dual + \beta_4 \times Size \\
& + \beta_5 \times Gov + \beta_6 \times Adm + \beta_7 \times Big100 + \beta_8 \times Accsum + \beta_9 \times Saccsum \\
& + \beta_{10} \times Branum + \beta_{11} \times Spefund + \beta_{12} \times Off + \beta_{13} \times Age + \beta_{14} \times Area \\
& + \beta_{15} \times IMR + \sum Ind + \sum Year + \varepsilon \quad\quad\quad\quad\quad\quad (6.4)
\end{aligned}
$$

$$
\begin{aligned}
Acc = {} & \alpha + \beta_1 \times Microblog + \beta_2 \times Microblog \times LnPay + \beta_3 \times LnPay + \beta_4 \times Size \\
& + \beta_5 \times Gov + \beta_6 \times Adm + \beta_7 \times Big100 + \beta_8 \times Accsum + \beta_9 \times Saccsum \\
& + \beta_{10} \times Branum + \beta_{11} \times Spefund + \beta_{12} \times Off + \beta_{13} \times Age + \beta_{14} \times Area \\
& + \beta_{15} \times IMR + \sum Ind + \sum Year + \varepsilon \quad\quad\quad\quad\quad\quad (6.5)
\end{aligned}
$$

其中，模型（6.3）中关键解释变量为秘书长是否专职（用 $Secftime$ 表示，当秘书长为专职时，$Secftime$ 赋值为 1，否则 $Secftime$ 赋值为 0）和是否与上市公司关联（用 $Connection$ 表示，当基金会与上市公司有关联时[①]，$Connection$ 赋值为 1，否则 $Connection$ 赋值为 0），其余各变量的定义与模型（6.1）、模型（6.2）相同。

本章之所以选择秘书长是否专职（$Secftime$）和是否与上市公司关联（$Connection$）两个外生变量，这是因为：第一，如果基金会设有专职秘书长，那么秘书长在基金会日常运营将投入更多的精力，并且基金会运营的好坏关

---

① 在 1095 个样本中，有 85 个样本与上市公司有关联，占比 7.76%。例如，万科公益基金会，关联上市公司为万科 A，股票代码为 000002；宝钢教育基金会，关联上市公司为宝钢股份，股票代码为 600019；比亚迪慈善基金会，关联上市公司为比亚迪，股票代码为 002594；紫金矿业慈善基金会，关联上市公司为紫金矿业，股票代码为 601899；中兴通讯公益基金会，关联上市公司为中兴通讯，股票代码为 000063；中国移动慈善基金会，关联上市公司为中国移动，股票代码为 00941；神华公益基金会，关联上市公司为中国神华，股票代码为 601088；中国人寿慈善基金会，关联上市公司为中国人寿，股票代码为 601628；南航"十分"关爱基金会，关联上市为南方航空，股票代码为 600029；阿里巴巴公益基金会，关联上市为阿里巴巴，股票代码为 BABA；等等。

乎着他（或她）的声誉、职业发展等方方面面，因此，基金会秘书长有动机通过新媒体（官方微博）向社会公众展示基金会公开、透明、诚信、自律的形象，从而会加强基金会内部治理，进而提高信息披露质量。第二，与非上市公司相比，上市公司受到投资者、监管者、媒体等利益相关者更多地监督，其治理水平、信息披露质量相对较高。一方面，与上市公司有关联的基金会，这些基金会通常是由上市公司作为发起人成立，其内部治理、信息披露等方面自然与非上市公司为主体发起成立的基金会存在较大差异；另一方面，由上市公司发起成立的基金会，善款大部分由上市公司提供，缺乏外部筹集资源的动力，由此可能会削弱选择多种媒体发布基金会信息的意愿，因而与上市公司是否有关联也是决定选择微博自媒体披露的关键因素之一。

表 6.6 报告了控制微博自媒体披露样本选择偏误的检验结果。列（1）是第一阶段的估计结果，在控制其他因素的影响后，秘书长是否专职（$Secftime$）的系数为 0.6022（$t = 4.94$），且在 1% 的水平上显著为正，是否与上市公司关联（$Connection$）的系数为 -0.4218（$t = -2.00$），且在 5% 的水平上显著为负，意味着专职秘书长、与上市公司没有关联的基金会，选择微博自媒体披露的可能性越大。

表 6.6　　　　控制微博自媒体披露样本选择偏误的检验结果

变量	(1)	(2)	(3)	(4)	(5)
	$Microblog$	Acc	Acc	Acc	Acc
$Microblog$		0.7826 *** (3.55)	0.6510 *** (2.77)	1.1035 *** (4.67)	0.9660 *** (3.85)
$Microblog \times Dual$			2.4603 ** (2.38)		1.9988 * (1.92)
$Microblog \times LnPay$				-0.1163 *** (-3.01)	-0.1029 *** (-2.65)
$Dual$		-0.7246 ** (-2.00)	-1.0565 *** (-3.10)	-0.8610 ** (-2.42)	-1.1190 *** (-3.20)
$LnPay$		0.0300 (0.69)	0.0331 (0.76)	0.0526 (1.14)	0.0527 (1.13)

续表

变量	（1）	（2）	（3）	（4）	（5）
	Microblog	Acc	Acc	Acc	Acc
Size	0. 1885 ***	0. 3960 ***	0. 3770 **	0. 3955 ***	0. 3807 **
	（4. 00）	（2. 74）	（2. 53）	（2. 62）	（2. 47）
Gov	−0. 5008 ***	−0. 6276	−0. 6091	−0. 6504	−0. 6344
	（−3. 47）	（−1. 52）	（−1. 45）	（−1. 52）	（−1. 47）
Adm	−0. 0029	0. 0340	0. 0346	0. 0377	0. 0377
	（−0. 13）	（1. 35）	（1. 36）	（1. 45）	（1. 44）
Big100	0. 2636 **	0. 5582 **	0. 5341 **	0. 5330 **	0. 5171 **
	（2. 29）	（2. 22）	（2. 09）	（2. 05）	（1. 97）
Accsum	0. 0116	−0. 0162	−0. 0125	0. 0044	0. 0047
	（0. 12）	（−0. 10）	（−0. 08）	（0. 03）	（0. 03）
Saccsum	0. 1566	−0. 0072	−0. 0243	0. 0257	0. 0072
	（0. 62）	（−0. 02）	（−0. 06）	（0. 07）	（0. 02）
Branum	0. 0589	0. 0677	0. 0690	0. 0643	0. 0656
	（1. 28）	（0. 70）	（0. 72）	（0. 66）	（0. 68）
Spefund	0. 0061	0. 0228 *	0. 0226	0. 0220	0. 0220
	（0. 93）	（1. 66）	（1. 64）	（1. 59）	（1. 58）
Off	−0. 2658 *	0. 1898	0. 2353	0. 2242	0. 2562
	（−1. 81）	（0. 61）	（0. 74）	（0. 69）	（0. 78）
Age	0. 0387	0. 2250 *	0. 2117 *	0. 2390 *	0. 2267 *
	（0. 55）	（1. 78）	（1. 68）	（1. 82）	（1. 73）
Area	−0. 2023	−0. 3945	−0. 3636	−0. 3787	−0. 3568
	（−1. 10）	（−1. 47）	（−1. 33）	（−1. 37）	（−1. 27）
Secftime	0. 6022 ***				
	（4. 94）				
Connection	−0. 4218 **				
	（−2. 00）				
IMR		−0. 3687	−0. 4175	−0. 3525	−0. 3889
		（−0. 43）	（−0. 48）	（−0. 39）	（−0. 42）
Constant	−4. 6430 ***	−8. 2367 **	−7. 8177 **	−8. 3557 **	−8. 0209 *
	（−5. 84）	（−2. 14）	（−1. 98）	（−2. 06）	（−1. 94）

续表

变量	（1） *Microblog*	（2） *Acc*	（3） *Acc*	（4） *Acc*	（5） *Acc*
Ind	Yes	Yes	Yes	Yes	Yes
Year	Yes	Yes	Yes	Yes	Yes
Pseudo R^2	0.1443	0.1694	0.1740	0.1764	0.1792
Chi^2	84.4140	183.8610	200.4388	193.8554	207.8913
N	1095	1095	1095	1095	1095

注：$*p < 0.10$，$**p < 0.05$，$***p < 0.01$，括号内为 t 值。回归中按照基金会代码进行了 *cluster* 处理，并利用 *robust* 选项控制了异方差问题。

表 6.6 中列（2）至列（4）是第二阶段的估计结果，从中可以看出，逆米尔斯比率（*IMR*）的系数在统计意义上均不显著，各列中微博自媒体披露（*Microblog*）的系数均显著为正（$p < 0.01$），交互项 *Microblog × Dual* 的回归系数为 2.4603（$t = 2.38$），且在 5% 的水平上显著为正（调节作用如图 6.6 所示），交互项 *Microblog × LnPay* 的回归系数为 -0.1163（$t = -3.01$），且在 1% 的水平上显著为负（调节作用如图 6.7 所示），这表明样本选择偏误问题对本书结论影响十分有限，进一步验证了本章假说 H1、假说 H2b 和假说 H3。列（5）为全模型，结论未发生实质性改变。

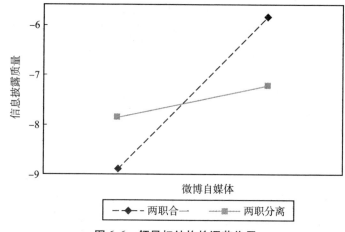

图 6.6　领导权结构的调节作用

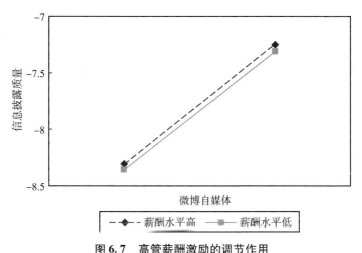

图 6.7 高管薪酬激励的调节作用

6.5 结论及启示

媒体关注作为一种重要的外部治理机制，在非营利组织治理中扮演着重要的角色。本章以 2005～2013 年中国社会组织网所披露的基金会为研究样本，系统考察了微博自媒体对非营利组织信息披露质量的治理作用，并进一步探讨领导权结构、高管薪酬激励对微博自媒体与非营利组织信息披露质量之间关系的调节作用。本章研究结果表明：

首先，微博作为最新的社交网络平台，通过监督和声誉两种机制影响基金会信息披露质量，管理层有动机和动力提高基金会治理水平，表现出开通官方微博的基金会信息披露质量更高。

其次，基金会领导权结构影响信息披露质量和组织治理水平，根据代理理论和资源依赖理论本章提出了两个竞争性假说，即"有效监督假说"和"资源依赖假说"。实证检验结果发现，两职合一的领导权结构显著增强了微博自媒体与信息披露质量之间的正相关关系。即开通官方微博的基金会信息披露质量越高这一现象在秘书长兼任理事长的基金会中更为明显，支持"资源依赖假说"。

最后，良好的高管薪酬契约能在一定程度上对基金会管理层的才能和努力作出补偿，可以有效缓解代理冲突，约束基金会管理层的自利行为，进而提高基金会信息披露质量。实证检验结果发现，高管薪酬激励与微博自媒体对提高基金会信息披露质量具有替代作用。

以上研究不仅丰富和拓展了微博自媒体的治理效应方面的文献，而且也扩展了非营利组织信息披露质量影响因素方面的研究，并将领导权结构、高管薪酬激励情景因素纳入非营利组织信息披露质量分析框架之中，弥补了以往文献较少关注情景机制的不足。同时，研究结论为民政管理部门、捐赠者等利益相关方更好地理解非营利组织及其管理层行为，以及如何提高非营利组织信息披露质量和组织公信力等方面具有一定的现实意义。

| 第 7 章 |
政治因素对非营利组织高管薪酬
业绩敏感性影响的实证分析

政治因素对现代组织行为的影响是一个普遍性问题，无论营利组织还是非营利组织，其行为都会受到政治因素的影响。本章以非营利组织高管薪酬与业绩关系为切入点，考察非营利组织高管薪酬业绩敏感性如何因政治因素差异而有所不同，并以 2005 ~ 2013 年中国社会组织网所披露的基金会为研究样本，实证检验了政治因素对非营利组织高管薪酬业绩敏感性的影响。研究发现，我国基金会高管薪酬与业绩之间存在较强的敏感性，并且这一现象在无政治关联的基金会、设立基层党组织的基金会中更为明显。进一步研究发现，与非公募基金会相比，公募基金会中高管薪酬与组织业绩敏感性更强，而基金会性质对高管薪酬业绩敏感性影响十分有限。本章的发现丰富了非营利组织高管薪酬业绩敏感性影响因素的研究，不仅拓展了现有文献，而且对非营利组织薪酬契约设定以及非营利组织治理具有一定的参考价值。

7.1 问题的提出

《论语》云："不患寡而患不均，不患贫而患不安"。近年来，伴随着薪酬制度改革，"天价高管薪酬"屡见报端，高管薪酬的合理性与薪酬契约的有效性引起了社会各界的争议。例如，备受诟病的 2007 年美国金融危机时华尔街高管"天价奖金"事件被奥巴马总统呵斥为"高薪养耻"，2008 年某上市公司高管"天价薪酬"事件再次把高管薪酬激励问题推向风口浪尖之上，由此引起了社会公众的质疑（熊婷和程博，2017）。那么，高管薪酬契约的有效性如何？"天价薪酬"是激励高管的有效方式，还是高管的自利行为？学术界为此进行了大量的探索，但至今仍未得到一致的结论（吴育辉和吴世农，2010；方军雄，2012）。

值得注意的是，政治因素对现代组织行为的影响是一个普遍性问题，无论营利组织还是非营利组织，其行为都会受到政治因素的影响。在中国也不例外，高管薪酬与公司业绩之间的敏感程度可能会受到政治因素影响。首先，中国是一个关系型社会，社会关系普遍嵌套在经济活动中，并对经济活动产生重要的影响（Allen et al.，2005）。对企业而言，社会关系主要表现在两个维度：一是企业与外部关系，如政治关系；二是企业内部之间的关系，即企业内部管控机制，如上下级关系（杨玉龙等，2014）。已有文献表明，社会关系会影响高管薪酬业绩敏感性（Hwang & Kim，2009；林钟高等，2014）。但是，现有研究主要是以营利组织为对象，考察高管薪酬与公司业绩之间是否具有同步性以及关系因素是否影响高管薪酬与公司业绩之间的敏感程度。其次，与其他转型经济体有所不同，我国的经济改革是在中国共产党领导下进行的，企业基层党组织通过参与公司重大经营决策等方式对企业进行干预，这种制度安排影响着大多数中国公司（Chang & Wong，2004）。雷海民等（2012）、程博和王菁（2014）、程博等（2017）等把这种嵌入企业政治行为的公司治理称为公司政治治理，企业党、政职位任职重合的制度安排可作为正式制度的一种替代机制，在公司治理中发挥着重要的作用（Lux et al.，2012；Sawant，2012；雷海民等，2013）。已有文献表明，在国有企业中，政治治理不仅可以降低高管的绝对薪酬，还可以抑制高管的超额薪酬（马连福等，2013）。

然而，非营利组织（NPO）与营利组织则有所不同，具有民间性、非营利性、自治性、志愿性、非政治性、非宗教性和非分配约束性等七个特征（张纯，2007；程博等，2011）。那么，非营利组织高管薪酬契约是否有效，也就是非营利组织高管薪酬与组织业绩是否存在同步性？在中国这一制度背景下，政治因素（政治关联和政治治理）是否影响高管薪酬与组织业绩之间的敏感程度，这都是本章非常关心的问题。

为了回答上述问题，本章基于代理理论，将政治因素嵌于高管薪酬契约理论框架，以 2005～2013 年中国社会组织网所披露的基金会为研究样本，系统地考察了政治因素（政治关联和政治治理）对非营利组织高管薪酬业绩敏感性的影响，同时还检验了基金会性质、基金会募集方式对高管薪酬业绩敏感性的影响。研究结果表明，我国基金会秘书长薪酬与业绩之间具有较好的协同性，这一现象在无政治关联的基金会、设立基层党组织的基金会、公募基金会中更为明显。而基金会性质对高管薪酬业绩敏感性影响非常有限。上述结论在充分考虑异方差、改变变量测量方式等问题的影响后依然稳健。

与以往文献相比，本章可能的边际贡献在于：首先，本章的研究丰富了高管薪酬业绩敏感性影响因素方面的研究。现有文献主要集中在以营利组织为研究对象，考察高管薪酬业绩敏感性（Ke et al. , 2012；方军雄，2009；周泽将和杜兴强，2012；林钟高等，2014；李晓玲等，2015；刘慧龙，2017），而本章则是以非营利组织为研究对象，提供了影响非营利组织高管薪酬业绩敏感性的经验证据，使得文献更为完整和系统。其次，丰富和拓展了非营利组织高管薪酬契约及其治理方面的文献。现有研究大多聚焦在非营利组织信息披露及其经济后果方面的研究（Krishnan et al. , 2006；Kitching，2009；Yetman M. H. & Yetman R. J. , 2013；张立民等，2012；刘亚莉等，2013；陈丽红、张龙平和杜建军，2014；陈丽红、张龙平和李青原，2015），而本章则是将政治因素嵌于高管薪酬契约理论框架，考察了政治因素如何影响非营利组织高管薪酬与业绩之间的关系。最后，本章的结论为非营利组织薪酬契约设定、非营利组织治理、管理部门监督等方面具有一定的参考价值。

7.2 理论分析与研究假设

代理理论认为，所有权和经营权分离加剧了现代企业股东和管理层之间的代理问题，而激励机制则是解决股东与管理层代理冲突的有效方法之一，合理的激励机制能够促使股东与管理层目标利益趋同，最终降低代理成本，实现企业价值最大化目标（Jensen & Meckling，1976；詹雷和王瑶瑶，2013；熊婷和程博，2017）。尤其是，将高管薪酬与公司业绩紧密联系在一起，进而降低由道德风险和逆向选择带来的代理成本，激励管理层采取有助于提高企业价值的行为。

针对非营利组织而言，它不同于政府组织（第一部门）、营利组织（第二部门），为社会提供部分公共产品与服务配送，倡导个人奉献、成员互益、人道主义等价值观念和取向；并且其存在不以营利为目的，具有民间性、自治性、志愿性、非营利性、非政治性、非宗教性等重要特征（张纯，2007；程博等，2011）。非营利组织中的委托 - 代理关系与营利组织（企业）也有所差别，其捐赠人成为了其委托 - 代理关系中最重要的委托人，理事会和管理者则扮演着代理人的角色；同时，理事会又作为委托人，将一部分获取、控制和使用经济资源的权力转授给管理者（于国旺，2010）。这种特殊的委托 - 代理关系比营利组织更为复杂，例如，提供的公共产品或服务配送没有统一的标准、难以度量其品质与数量，其资产具有公益属性的特征，导致所有者的虚拟性或监督主体缺位等（程昔武，2008）。但不可否认的是，非营利组织管理层在追逐个人利益的同时，也自愿努力成为纯公益人。因此，如何制定合理的薪酬契约，将非营利组织高管薪酬与组织业绩之间联系起来，也是提高非营利组织治理水平的有效路径。

政治关联（political connection）是一个世界性的问题，在很多国家普遍存在（Fisman，2001；Faccio，2006），我国也不例外，政治联系广泛存在于营利组织和非营利组织之中，并对组织行为产生重要影响（邓建平和曾勇，2009；余明桂等，2010；熊婷等，2015）。本书预期，政治关联会降低基金会高管薪酬业绩敏感性，这是因为：社会关系会影响高管薪酬业绩敏感性（Hwang & Kim，2009；林钟高等，2014），其中，政治关联是最为典型的组织与外部建立的社会关系，这种关系资源为组织获得政府援助提供了一种便利条件，我国很多基金会与政府有着千丝万缕的联系，政府补助是其收入的重要来源（徐宇珊，2010；刘丽珑，2015；刘丽珑和李建发，2015）。因此，相对于有政治关联的基金会，无政治关联的基金会并不像有政治关联的基金会依靠负责人的政治资源和特殊的社会资本更易获得政府援助，所以无政治关联的基金会高管更可能会要求自身的薪酬与组织绩效挂钩，使其付出与回报相匹配。据此，本章提出如下研究假说 H1。

H1：限定其他条件，政治关联显著降低了的基金会高管薪酬业绩敏感性。

与其他转型经济体有所不同，我国的经济改革是在中国共产党领导下进行的，企业基层党组织通过参与公司重大经营决策等方式对企业进行干预，这种制度安排影响着大多数中国公司（Chang & Wong，2004）。雷海民等（2012）、程博和王菁（2014）、程博等（2017）等把这种嵌入企业政治行为的公司治理称为公司政治治理，企业党、政职位任职重合的制度安排可作为正式制度的一种替代机制，在公司治理中发挥着重要的作用（Lux et al.，2012；Sawant，2012；雷海民等，2013）。基层党组织参与公司治理是我国公司治理中的一大特色，对非营利组织而言，基层党组织在其治理中同样也发挥着重要的作用。本书预期，政治治理会提高基金会高管薪酬业绩敏感性，这是因为：在我国特殊制度背景下，党组织不仅为组织"把关定向"，而且会行使监督组织运营和制衡组织行为（梁建等，2010；程博、王菁和熊婷，2015；程博、宣扬和潘飞，2017），进而有助于提高组织绩效和治理水平。因此，相对于没有设立基层党组织的基金会，设立基层党组织的基金会的高管更可能会要求自身的薪酬与组织绩效挂钩。据此，本章提出如下研究假说 H2。

H2：限定其他条件，政治治理显著提高了的基金会高管薪酬业绩敏感性。

综合上述理论分析与研究假说的论述，概括本章研究逻辑框架如图 7.1 所示。

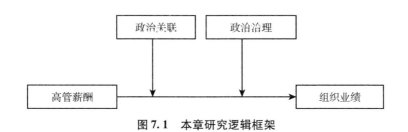

图 7.1 本章研究逻辑框架

7.3　研　究　设　计

7.3.1　样本选择与数据来源

　　为了考察政治因素对非营利组织高管薪酬业绩敏感性的影响，本章选取 2005～2013 年中国社会组织网所披露的基金会为研究样本。由于我国《基金会信息公布办法》于 2006 年 1 月 12 日公布施行，并规定基金会应当次年 3 月 31 日前，向登记管理机关报送年度工作报告，因此，研究样本起始点设定为 2005 年。本章主要数据从中国社会组织网的基金会子站年度工作报告所披露基金会的基本信息、机构建设情况、业务活动情况、财务会计报告、接受监督与管理的情况、审计意见、监事意见和其他信息等内容中手工提取。为了尽可能保持样本完整性，对中国社会组织网基金会子站披露信息不全的样本，通过中国基金会网、基金会官方网站以及百度搜索补充相关信息，研究期间共披露 1227 份年度工作报告，剔除披露重复、模型中主要变量和控制变量有缺失值的样本，最终获取 1095 个基金会年度观测值（样本年度分布情况与第 5 章表 5.1 相同）。为了控制异常值的干扰，相关连续变量均在 1% 和 99% 水平上进行 winsorize 处理。

7.3.2　模型设定和变量说明

　　为了检验假说 H1 和假说 H2，本章将待检验的回归模型设定为：

$$
\begin{aligned}
LnPay = {} & \alpha + \beta_1 \times LnPerf + \beta_2 \times LnPerf \times PC + \beta_3 \times PC + \beta_4 \times Size \\
& + \beta_5 \times Gov + \beta_6 \times Adm + \beta_7 \times Big100 + \beta_8 \times Level \\
& + \beta_9 \times Accsum + \beta_{10} \times Saccsum + \beta_{11} \times Branum \\
& + \beta_{12} \times Spefund + \beta_{13} \times Off + \beta_{14} \times Age \\
& + \beta_{15} \times Area + \sum Ind + \sum Year + \varepsilon \quad\quad (7.1)
\end{aligned}
$$

$$
LnPay = \alpha + \beta_1 \times LnPerf + \beta_2 \times LnPerf \times PG + \beta_3 \times PG + \beta_4 \times Size
$$

$$+ \beta_5 \times Gov + \beta_6 \times Adm + \beta_7 \times Big100 + \beta_8 \times Level$$
$$+ \beta_9 \times Accsum + \beta_{10} \times Saccsum + \beta_{11} \times Branum$$
$$+ \beta_{12} \times Spefund + \beta_{13} \times Off + \beta_{14} \times Age$$
$$+ \beta_{15} \times Area + \sum Ind + \sum Year + \varepsilon \qquad (7.2)$$

其中，LnPay 为被解释变量，衡量基金会的高管薪酬水平。与上市公司薪酬披露情况不同，基金会年度工作报告并没有披露整个高管团队的薪酬，而是仅仅披露了基金会秘书长薪酬，这为考察特定高管薪酬业绩敏感性创造了良好的条件。参照吴育辉和吴世农（2010）、方军雄（2011）、蒋涛等（2014）等对上市公司高管薪酬的度量方法，本书使用秘书长的货币化薪酬来度量基金会高管薪酬激励水平（LnPay）。对于基金会的经营业绩（LnPerf），借鉴周泽将和杜兴强（2012）、蒋涛等（2014）、李晓玲等（2015）选择净利润和营业收入的自然对数度量公司业绩的方法，本章采用基金会年度捐赠收入总额加 1 的自然对数来衡量。

PC 和 PG 为关键解释变量。PC 表示政治关联，以基金会工作年报基本信息栏中，基金会负责人是否担任过省部级及以上领导职务的情况衡量，担任过省部级及以上领导时，PC 赋值为 1，否则 PC 赋值为 0。PG 表示政治治理，借鉴雷海民等（2012）、马连福等（2013）、程博和王菁（2014）、程博等（2017）的研究，以基金会是否设立基层党组织来衡量，当基金会设立基层党组织时，PG 赋值为 1，否则 PG 赋值为 0。LnPerf × PC 以及 LnPerf × PG 是本书关心的核心变量，若模型（7.1）中 β_2 显著为负，则表明政治关联降低了基金会高管薪酬业绩敏感性，本章假说 H1 得到证明；若模型（7.2）中 β_2 显著为正，则表明政治治理提高了基金会高管薪酬业绩敏感性，假说 H2 得到证明。

借鉴高管薪酬业绩敏感性的已有文献（Ke et al.，2012；方军雄，2009；周泽将和杜兴强，2012；林钟高等，2014；李晓玲等，2015；刘慧龙，2017）和非营利组织相关文献的常用设定（张立民等，2012；刘亚莉等，2013；陈丽红、张龙平和杜建军，2014；陈丽红、张龙平和李青原，2015），本书在回归模型中控制了组织规模（Size）、基金会性质（Gov）、管理效率（Adm）、审计师选择（Big100）、评估等级（Level）、财会人员规模（Accsum）、财会人员能力（Saccsum）、分支机构数量（Branum）、专项基金数量（Spefund）、募集方式（*Off*）、成立年限（*Age*）和注册地点（*Area*）。此外，回归模型中还加入了行业①（*Ind*）和年度（*Year*）哑变量，以控制行业效应和年度效应。本章涉及新增变量定义如表 7.1 所示，其他变量与第 5 章表 5.2 和第 6 章表 6.1 定义一致。

表 7.1　　　　　　　　　　　　　　变量定义

变量名称	变量具体定义及测度
LnPerf	组织业绩，基金会年度捐赠收入总额加 1 的自然对数
PG	政治治理，基金会设立基层党组织时，赋值为 1，否则赋值为 0

7.3.3　变量描述性统计

表 7.2 报告了变量的描述性统计结果。由表 7.2 的结果可知，样本中高管薪酬（LnPay）的均值为 2.719，标准差为 4.732，这表明样本中基金会秘书长薪酬差异较大；组织业绩（LnPerf）的均值为 14.435，标准差为 5.428，也说明各基金会收到的捐赠收入差异较大。样本中，51.6% 的基金会负责人担任过省部级及以上领导（PC）；43.4% 的基金会设有基层党组织（PG）。组织规模（Size）的均值和标准差分别为 17.323 和 2.524，这表明我国基金会规模差异较大，发展较不均衡；样本中有 32.4% 属于官方性基金会（Gov）。管理效率（Adm）的均值和标准差 0.457 和 2.633，整体来看，管理效率还有待进一步提高；约 46% 的基金会选择了"百强"会计师事务所审计（Big100），约 20% 的基金会评估等级（Level）为 4A 级及以上，表明我国基金会声誉差异较大。基金会财会人员规模（Accsum）均值为 2.119，基金会高级职称和注册会计师占财会人员数量之比（Saccsum）的均值为 0.087，分支机构（Branum）和专项基金（Spefund）的均值分别为 0.340 和 1.749。样本中有 60.8% 的基金会为公募基金会（Off），基金会成立年限（Age）的均值为 2.107，86% 的基金会注册地点为发达地区（Area）。

---

① 民政部将基金会分为 17 个行业，由于研究样本中有些行业样本较少，借鉴张立民等（2012）的方法，对相近行业进行了合并，最终合并为 11 个类别。

表 7.2　变量描述性统计结果

变量	均值	标准差	LnPay	Lnperf	PC	PG	Size	Gov	Adm	Big100	Level	Acesum	Saccsum	Branum	Spefund	Off	Age
LnPay	2.719	4.732	1														
LnPerf	14.435	5.428	0.148***	1													
PC	0.516	0.500	0.036	0.188***	1												
PG	0.434	0.496	0.068*	0.137***	0.195***	1											
Size	17.323	2.524	0.100***	0.433***	0.153***	0.161***	1										
Gov	0.324	0.468	-0.148***	0.007	0.308***	0.150***	0.016	1									
Adm	0.457	2.633	-0.016	-0.144***	-0.035	0.031	-0.011	0.073***	1								
Big100	0.459	0.499	0.108***	0.044	-0.141***	-0.041	0.108***	-0.122***	-0.016	1							
Level	0.196	0.397	0.130***	0.329***	0.198***	0.310***	0.329***	0.021	-0.074**	-0.027	1						
Acesum	2.119	0.642	0.051*	0.266***	0.171***	0.220***	0.271***	-0.034	-0.060**	0.035	0.278***	1					
Saccsum	0.087	0.202	0.063**	0.018	-0.027	0.011	0.070**	-0.109***	-0.023	0.040	0.004	-.033	1				
Branum	0.340	1.241	0.035	0.060**	0.081**	0.047	-0.001	0.133***	0.007	-0.025	0.065**	-0.020	0.005	1			
Spefund	1.749	7.317	0.189***	0.149***	0.066**	0.074**	0.152***	-0.111***	-0.036	0.002	0.140***	0.170***	0.049	0.083***	1		
Off	0.608	0.488	0.113***	0.171***	0.293***	0.382***	0.042	0.208***	0.046	-0.094***	0.147***	0.131***	-0.056*	0.134***	0.035	1	
Age	2.107	1.010	0.217***	0.078**	0.149***	0.436***	0.138***	0.143***	0.038	-0.016	0.213***	0.186***	-0.056*	0.168***	0.019	0.504***	1
Area	0.860	0.347	0.100***	0.041	0.110***	0.082**	0.046	0.161***	0.032	0.123***	0.113***	0.013	-0.136***	0.017	-0.092***	0.265***	0.239***

注：* $p < 0.10$，** $p < 0.05$，*** $p < 0.01$；$N = 1095$。

进一步观察各变量之间的相关系数，大部分相关系数在 0.30 以内，这说明变量之间不存在严重的多重共线性问题。

7.4 实证结果与分析

7.4.1 政治关联与高管薪酬业绩敏感性

表 7.3 报告了政治关联与高管薪酬业绩敏感性关系的检验结果。列（1）的估计结果显示，在控制其他因素的影响后，变量组织业绩（LnPerf）的回归系数为 0.0949（$t = 3.68$），在 1% 的显著水平上正相关，并且在列（2）中依旧显著为正（$beta = 0.1360$，$t = 4.91$，$p < 0.01$），这表明基金会高管薪酬与组织业绩同方向变化，证实了在我国基金会中，高管薪酬与业绩之间存在较强的敏感性。

表 7.3　　政治关联与高管薪酬业绩敏感性关系的检验结果

变量	(1)	(2)
LnPerf	0.0949 *** (3.68)	0.1360 *** (4.91)
LnPerf × PC		−0.1073 ** (−2.30)
PC	0.4087 (1.32)	0.4112 (1.33)
Size	−0.0218 (−0.59)	−0.0317 (−0.86)
Gov	−1.7317 *** (−5.59)	−1.7521 *** (−5.64)
Adm	0.0208 (0.40)	0.0184 (0.35)

续表

变量	(1)	(2)
Big100	0.7857 *** (2.75)	0.7955 *** (2.79)
Level	0.5633 (1.34)	0.6569 (1.55)
Accsum	−0.5359 ** (−2.21)	−0.5058 ** (−2.09)
Saccsum	1.3289 * (1.89)	1.2570 * (1.78)
Branum	−0.0373 (−0.35)	−0.0369 (−0.35)
Spefund	0.1095 *** (5.11)	0.1122 *** (5.34)
Off	−0.1344 (−0.39)	−0.1256 (−0.37)
Age	1.0086 *** (6.65)	1.0169 *** (6.71)
Area	0.9349 ** (2.55)	0.9974 *** (2.73)
Constant	1.0499 (1.36)	1.1217 (1.44)
Ind	Yes	Yes
Year	Yes	Yes
Adj. R^2	0.1314	0.1340
F	14.1420	13.8723
N	1095	1095

注：$* p < 0.10$，$** p < 0.05$，$*** p < 0.01$，括号内为 t 值。回归中按照基金会代码进行了 cluster 处理，并利用 robust 选项控制了异方差问题。

列（2）的估计结果显示，在控制其他因素的影响后，组织业绩（LnPerf）与政治关联（PC）的交互项 LnPerf×PC 的回归系数为 −0.1073（$t = -2.30$），且在5%的水平上显著为负，这表明政治关联显著降低了基金会高管薪酬业绩敏感性，证实了本章假说 H1。为了更加形象地说明政治关联对基金会高管薪酬业绩敏感性的影响，根据表7.3中回归结果绘制了图7.2，从图7.2可以清晰看出，相比有政治关联的基金会，无政治关联的基金会，高管薪酬业绩之间的关系更敏感，即政治关联削弱了高管薪酬与组织业绩之间的正相关关系。

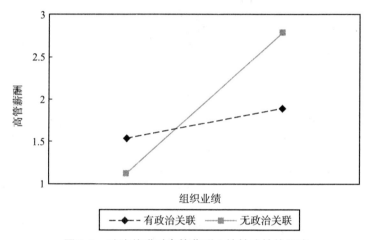

图7.2　政治关联对高管薪酬业绩敏感性的影响

7.4.2　政治治理与高管薪酬业绩敏感性

表7.4报告了政治治理与高管薪酬业绩敏感性关系的检验结果。列（1）的估计结果显示，在控制其他因素的影响后，变量组织业绩（LnPerf）的回归系数为0.0965（$t = 3.72$），在1%的显著水平上正相关，并且在列（2）中依旧显著为正（$beta = 0.0643$，$t = 2.21$，$p < 0.05$），这同样表明基金会高管薪酬与组织业绩同方向变化，再次证实了在我国基金会中，高管薪酬与业绩之间存在较强的敏感性。

表 7.4　　　政治治理与高管薪酬业绩敏感性关系的检验结果

变量	（1）	（2）
LnPerf	0.0965 *** （3.72）	0.0643 ** （2.21）
LnPerf × PG		0.1063 ** （2.11）
PG	− 0.4360 （−1.34）	− 0.4224 （−1.30）
Size	− 0.0142 （−0.38）	− 0.0108 （−0.29）
Gov	− 1.5791 *** （−5.32）	− 1.6057 *** （−5.40）
Adm	0.0198 （0.39）	0.0282 （0.57）
Big100	0.7432 *** （2.62）	0.7428 *** （2.62）
Level	0.7118 * （1.67）	0.5069 （1.17）
Accsum	− 0.4769 ** （−1.99）	− 0.5010 ** （−2.09）
Saccsum	1.3712 * （1.95）	1.2992 * （1.85）
Branum	− 0.0431 （−0.40）	− 0.0312 （−0.29）
Spefund	0.1110 *** （5.18）	0.1083 *** （5.06）
Off	0.0523 （0.15）	0.0116 （0.03）
Age	1.0598 *** （6.79）	1.0815 *** （6.87）
Area	0.9124 ** （2.48）	0.8799 ** （2.38）
Constant	0.9218 （1.20）	0.9336 （1.21）

变量	(1)	(2)
Ind	Yes	Yes
Year	Yes	Yes
Adj. R^2	0.1314	0.1336
F	14.4246	13.6640
N	1095	1095

注：* $p < 0.10$，** $p < 0.05$，*** $p < 0.01$，括号内为 t 值。回归中按照基金会代码进行了 *cluster* 处理，并利用 *robust* 选项控制了异方差问题。

列（2）的估计结果显示，在控制其他因素的影响后，组织业绩（LnPerf）与政治治理（*PG*）的交互项 $LnPerf \times PG$ 的回归系数为 0.1063（$t = 2.11$），且在 5% 的水平上显著为正，这表明政治治理显著提高了基金会高管薪酬业绩敏感性，证实了本章假说 H2。为了更加形象地说明政治治理对基金会高管薪酬业绩敏感性的影响，根据表 7.4 中回归结果绘制了图 7.3。从图 7.3 可以清晰看出，相比没有设立基层党组织的基金会，设立基层党组织的基金会，高管薪酬业绩之间的关系更敏感，即政治治理增强了高管薪酬与组织业绩之间的正相关关系。

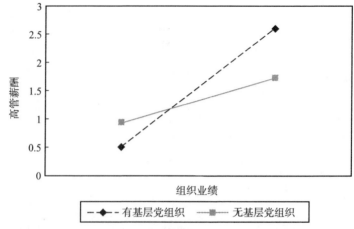

图 7.3 政治治理对高管薪酬业绩敏感性的影响

7.4.3 替代变量的稳健性检验

7.4.3.1 改变政治关联的测量方式

为了确保结论的稳健，改变政治关联测量指标进行稳健性分析。本书以基金会负责人是否担任过（包括现任和曾任）省部级及以上领导职务的人数与基金会专职人员人数之比来度量政治关联强度（PC）。

表 7.5 报告了改变政治关联测量的稳健性检验结果。列（1）的估计结果显示，在控制其他因素的影响后，变量组织业绩（$LnPerf$）的回归系数为 0.0971（$t = 3.74$），在 1% 的显著水平上正相关，并且在列（2）中依旧显著为正（$beta = 0.0983$，$t = 3.81$，$p < 0.01$），这表明基金会高管薪酬与组织业绩具有较好的协同性，依然证实了在我国基金会中，高管薪酬与业绩之间存在较强的敏感性。

表 7.5 　　　　　　　　　　改变政治关联测量的检验结果

变量	（1）	（2）
$LnPerf$	0.0971 *** (3.74)	0.0983 *** (3.81)
$LnPerf \times PC$		− 0.1328 * (− 1.69)
PC	0.1714 (0.38)	0.0626 (0.14)
$Size$	− 0.0169 (− 0.45)	− 0.0250 (− 0.66)
Gov	− 1.6264 *** (− 5.46)	− 1.6430 *** (− 5.51)
Adm	0.0180 (0.35)	0.0201 (0.39)
$Big100$	0.7490 *** (2.64)	0.7662 *** (2.69)
$Level$	0.6034 (1.44)	0.6124 (1.47)

续表

变量	(1)	(2)
Accsum	-0.5030** (-2.10)	-0.5075** (-2.13)
Saccsum	1.3135* (1.85)	1.3452* (1.90)
Branum	-0.0319 (-0.30)	-0.0341 (-0.32)
Spefund	0.1101*** (5.17)	0.1103*** (5.22)
Off	-0.0373 (-0.11)	0.0114 (0.03)
Age	1.0002*** (6.58)	0.9898*** (6.52)
Area	0.9435** (2.57)	0.9558*** (2.60)
Constant	1.0254 (1.33)	1.1507 (1.49)
Ind	Yes	Yes
Year	Yes	Yes
Adj. R^2	0.1300	0.1309
F	14.1287	13.4608
N	1095	1095

注：$*p<0.10$，$**p<0.05$，$***p<0.01$，括号内为 t 值。回归中按照基金会代码进行了 cluster 处理，并利用 robust 选项控制了异方差问题。

列（2）的估计结果显示，在控制其他因素的影响后，组织业绩（LnPerf）与政治关联（PC）的交互项 LnPerf×PC 的回归系数为 -0.1328（$t=-1.69$），且在 10% 的水平上显著为负，这仍然表明政治关联显著降低了基金会高管薪酬业绩敏感性，本章假说 H1 再次得到证实。类似地，为了更加形象地说明政治关联对基金会高管薪酬业绩敏感性的影响，根据表 7.5 中回归结果绘制了图 7.4，从图 7.4 可以清晰看出，相比有政治关联的基金会，无政治关联的基金会，高管薪酬业绩之间的关系更敏感，即政治关联削弱了高管薪酬与组织业绩之间的正相关关系。

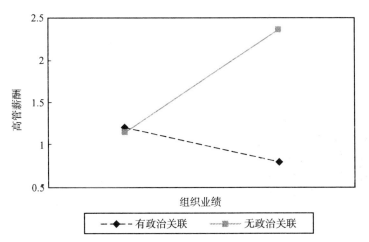

图 7.4　政治关联对高管薪酬业绩敏感性的影响

7.4.3.2　改变政治治理的测量方式

为了确保结论的稳健，改变政治治理测量指标进行稳健性分析。本书以基金会党员人数加 1 的自然对数衡量政治治理（PG）。表 7.6 报告了改变政治治理测量的稳健性检验结果。列（1）的估计结果显示，在控制其他因素的影响后，变量组织业绩（$LnPerf$）的回归系数为 0.0912（$t = 3.55$），在 1% 的显著水平上正相关，并且在列（2）中依旧显著为正（$beta = 0.1037$，$t = 3.59$，$p < 0.01$），这表明基金会高管薪酬与组织业绩具有较好的协同性，依然证实了在我国基金会中，高管薪酬与业绩之间存在较强的敏感性。

表 7.6　　　　　　　　　　改变政治治理测量的检验结果

变量	（1）	（2）
$LnPerf$	0.0912 *** （3.55）	0.1037 *** （3.59）
$LnPerf \times PG$		0.0432 * （1.93）

续表

变量	（1）	（2）
PG	0.8762 ***	0.8558 ***
	（6.80）	（6.67）
Size	−0.0634 *	−0.0514
	（−1.73）	（−1.43）
Gov	−1.5293 ***	−1.5254 ***
	（−5.28）	（−5.28）
Adm	0.0028	0.0113
	（0.05）	（0.21）
Big100	0.6576 **	0.6635 **
	（2.36）	（2.38）
Level	0.3029	0.1885
	（0.74）	（0.46）
Accsum	−0.6347 ***	−0.6896 ***
	（−2.68）	（−2.91）
Saccsum	1.1126	1.0913
	（1.59）	（1.56）
Branum	−0.0815	−0.0745
	（−0.79）	（−0.72）
Spefund	0.1018 ***	0.0975 ***
	（4.90）	（4.63）
Off	−0.1883	−0.1811
	（−0.57）	（−0.55）
Age	0.8442 ***	0.8561 ***
	（5.57）	（5.65）
Area	1.0574 ***	1.0242 ***
	（2.87）	（2.78）
Constant	2.5727 ***	2.4550 ***
	（3.32）	（3.23）
Ind	Yes	Yes
Year	Yes	Yes

续表

变量	（1）	（2）
Adj. R²	0.1571	0.1583
F	16.9235	16.1914
N	1095	1095

注：＊$p < 0.10$，＊＊$p < 0.05$，＊＊＊$p < 0.01$，括号内为 t 值。回归中按照基金会代码进行了 *cluster* 处理，并利用 *robust* 选项控制了异方差问题。

列（2）的估计结果显示，在控制其他因素的影响后，组织业绩（LnPerf）与政治治理（PG）的交互项 LnPerf × PG 的回归系数为 0.0432（$t - 1.93$），且在 10% 的水平上显著为正，这仍然表明政治治理显著提高了基金会高管薪酬业绩敏感性，本章假说 H2 再次得到证实。类似地，为了更加形象地说明政治治理对基金会高管薪酬业绩敏感性的影响，根据表 7.6 中回归结果绘制了图 7.5，从图 7.5 可以清晰看出，相比没有设立基层党组织的基金会，设立基层党组织的基金会，高管薪酬业绩之间的关系更敏感，即政治治理增强了高管薪酬与组织业绩之间的正相关关系。

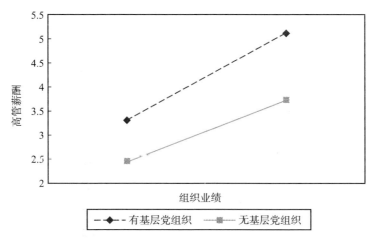

图 7.5　政治治理对高管薪酬业绩敏感性的影响

7.5 进一步检验与分析

对非营利组织而言，高管薪酬业绩敏感性可能还会受到基金会性质和募集方式的影响。因此，本书进一步考察基金会性质和基金会募集方式对高管薪酬业绩敏感性的影响。

7.5.1 基金会性质的影响

郭道扬（2004）指出，现代组织制度的内核是产权制度，市场经济的本质是产权经济，组织励效应和约束机制会受到产权性质的影响，非营利组织也不例外。前已述及，根据非营利组织性质可以分为官方性非营利组织（具有政府背景）和民间性非营利组织（不具有政府背景）两类。其中，官方性非营利组织由政府部门主导"自上而下"发起成立的，实质上就是政府实现某种公共职能的一个衍生部门，其行政色彩相对浓厚，行政合法性和政治合法性对于这类组织都不是问题（柏必成，2005）；而民间性非营利组织是依靠社会自发力量"自下而上"发起成立，其成立是由社会或公众对某些社会问题的自觉，这类组织将面临一个组织合法性问题（柏必成，2005）。与民间性非营利组织相比，官方性非营利组织其存在目的主要是承担政府职能，捐赠收入通常由政府补贴或者拨款，以至于高管薪酬业绩同步性较差。因此，本书预期，与官方性基金会相比，民间性基金会高管薪酬业绩敏感性更强。

为了考察基金会性质对高管薪酬业绩敏感性的影响，将待检验模型设定为：

$$
\begin{aligned}
LnPay = {} & \alpha + \beta_1 \times LnPerf + \beta_2 \times LnPerf \times Gov + \beta_3 \times Gov + \beta_4 \times Size \\
& + \beta_5 \times Adm + \beta_6 \times Big100 + \beta_7 \times Level + \beta_8 \times Accsum \\
& + \beta_9 \times Saccsum + \beta_{10} \times Branum + \beta_{11} \times Spefund \\
& + \beta_{12} \times Off + \beta_{13} \times Age + \beta_{14} \times Area \\
& + \sum Ind + \sum Year + \varepsilon
\end{aligned}
\tag{7.3}
$$

模型（7.3）中各变量定义与模型（7.1）、模型（7.2）相同，本章重点关注组织业绩（LnPerf）与基金会性质（Gov）的交互项 LnPerf × Gov，若模型（7.1）中 β_2 显著异于 0，则意味着基金会性质显著影响高管薪酬业绩敏感性。

表 7.7 报告了基金会性质与高管薪酬业绩敏感性关系的检验结果。列（1）的估计结果显示，在控制其他因素的影响后，变量组织业绩（LnPerf）的回归系数为 0.0971（$t = 3.74$），在 1% 的显著水平上正相关，并且在列（2）中依旧显著为正（$beta = 0.1163$，$t = 3.68$，$p < 0.01$），这表明基金会高管薪酬与组织业绩同方向变化，再次证实了在我国基金会中，高管薪酬与业绩之间存在较强的敏感性。列（2）的估计结果显示，在控制其他因素的影响后，组织业绩（LnPerf）与基金会性质（Gov）的交互项 LnPerf × Gov 的回归系数为 −0.0618（$t = -1.31$），未通过显著性检验，这表明基金会性质对高管薪酬业绩敏感性影响有限。

表 7.7　　基金会性质对高管薪酬业绩敏感性影响的检验结果

变量	（1）	（2）
LnPerf	0.0971 *** （3.74）	0.1163 *** （3.68）
LnPerf × Gov		−0.0618 （−1.31）
Gov	−1.6191 *** （−5.46）	−1.6177 *** （−5.46）
Size	−0.0165 （−0.44）	−0.0261 （−0.67）
Adm	0.0175 （0.34）	0.0123 （0.23）
Big100	0.7431 *** （2.62）	0.7680 *** （2.70）
Level	0.6033 （1.44）	0.6335 （1.52）
Accsum	−0.5039 ** （−2.11）	−0.5174 ** （−2.14）

变量	（1）	（2）
Saccsum	1.3356* (1.90)	1.3308* (1.89)
Branum	−0.0340 (−0.32)	−0.0355 (−0.34)
Spefund	0.1103*** (5.18)	0.1094*** (5.14)
Off	−0.0399 (−0.12)	−0.0216 (−0.06)
Age	0.9986*** (6.57)	1.0011*** (6.60)
Area	0.9575*** (2.62)	0.9502*** (2.60)
Constant	1.0135 (1.32)	1.1880 (1.49)
Ind	Yes	Yes
Year	Yes	Yes
Adj. R^2	0.1307	0.1309
F	15.1479	14.2678
N	1095	1095

注： $*p<0.10$， $**p<0.05$， $***p<0.01$，括号内为 t 值。回归中按照基金会代码进行了 cluster 处理，并利用 robust 选项控制了异方差问题。

7.5.2 基金会募集方式的影响

根据《基金会管理条例》（2004）中的规定，基金会可以按照募集方式不同，分为公募基金会和非公募基金会两类。前者可以面向社会公众募捐，后者则不可以面向社会公众募捐。与非公募基金会相比，公募基金会公共参与度高、涉及面广、收入渠道来源多，监管部门审批管理也更为严格，内部控制与治理水平相对较高，高管薪酬业绩挂钩的推动作用可能更为明显。因此，本书预期，与非公募基金会相比，公募基金会高管薪酬业绩敏感性更强。

为了考察基金会募集方式对高管薪酬业绩敏感性的影响，将待检验模型设定为：

$$
\begin{aligned}
LnPay = {} & \alpha + \beta_1 \times LnPerf + \beta_2 \times LnPerf \times Off + \beta_3 \times Off + \beta_4 \times Size \\
& + \beta_5 \times Gov + \beta_6 \times Adm + \beta_7 \times Big100 + \beta_8 \times Level \\
& + \beta_9 \times Accsum + \beta_{10} \times Saccsum + \beta_{11} \times Branum \\
& + \beta_{12} \times Spefund + \beta_{13} \times Age + \beta_{14} \times Area \\
& + \sum Ind + \sum Year + \varepsilon
\end{aligned} \tag{7.4}
$$

模型（7.4）中各变量定义与模型（7.1）、模型（7.2）相同，本书重点关注组织业绩（LnPerf）与基金会募集方式（Off）的交互项 $LnPerf \times Off$，若模型（7.1）中 β_2 显著异于 0，则意味着基金会募集方式显著影响高管薪酬业绩敏感性。

表 7.8 报告了基金会募集方式与高管薪酬业绩敏感性关系的检验结果。列（1）的估计结果显示，在控制其他因素的影响后，变量组织业绩（Ln-Perf）的回归系数为 0.0971（$t = 3.74$），在 1% 的显著水平上正相关，并且在列（2）中依旧显著为正（$beta = 0.0624$，$t = 2.03$，$p < 0.05$），这表明基金会高管薪酬与组织业绩同方向变化，仍旧证实了在我国基金会中，高管薪酬与业绩之间存在较强的敏感性。

表 7.8   基金会募集方式对高管薪酬业绩敏感性影响的检验结果

变量	（1）	（2）
LnPerf	0.0971 *** (3.74)	0.0624 ** (2.03)
LnPerf × Off		0.0888 * (1.83)
Off	− 0.0399 (− 0.12)	− 0.0040 (− 0.01)
Size	− 0.0165 (− 0.44)	− 0.0132 (− 0.34)

续表

变量	(1)	(2)
Gov	−1.6191 *** (−5.46)	−1.6585 *** (−5.55)
Adm	0.0175 (0.34)	0.0277 (0.54)
$Big100$	0.7431 *** (2.62)	0.6869 ** (2.42)
$Level$	0.6033 (1.44)	0.4899 (1.16)
$Accsum$	−0.5039 ** (−2.11)	−0.5097 ** (−2.13)
$Saccsum$	1.3356 * (1.90)	1.3643 * (1.95)
$Branum$	−0.0340 (−0.32)	−0.0332 (−0.31)
$Spefund$	0.1103 *** (5.18)	0.1072 *** (5.01)
Age	0.9986 *** (6.57)	0.9991 *** (6.56)
$Area$	0.9575 *** (2.62)	0.9198 ** (2.51)
$Constant$	1.0135 (1.32)	0.9862 (1.26)
Ind	Yes	Yes
$Year$	Yes	Yes
$Adj. R^2$	0.1307	0.1322
F	15.1479	14.1921
N	1095	1095

注: $*p<0.10$, $**p<0.05$, $***p<0.01$, 括号内为 t 值。回归中按照基金会代码进行了 cluster 处理, 并利用 robust 选项控制了异方差问题。

列（2）的估计结果显示，在控制其他因素的影响后，组织业绩（LnPerf）与基金会募集方式（Off）的交互项 $LnPerf \times Off$ 的回归系数为 0.0888（$t =$ 1.83），且在 10% 的水平上显著为正，这表明基金会募集方式显著提高了基金会高管薪酬业绩敏感性。为了更加形象地说明基金会募集方式对高管薪酬业绩敏感性的影响，根据表 7.8 中回归结果绘制了图 7.6，从图 7.6 可以清晰看出，相比非公募基金会而言，公募基金会的高管薪酬业绩之间的关系更敏感，即基金会募集方式提高了高管薪酬与组织业绩之间的正相关关系。

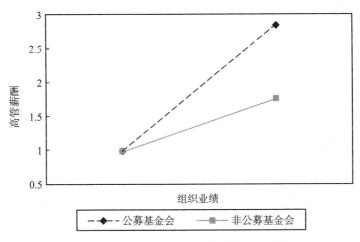

图 7.6 基金会募集对高管薪酬业绩敏感性影响

7.6 结论及启示

政治因素对现代组织行为的影响是一个普遍性问题，本章基于代理理论，以非营利组织高管薪酬与业绩关系为切入点，并以 2005～2013 年中国社会组织网所披露的基金会为研究样本，系统地考察了政治因素（政治关联和政治治理）对非营利组织高管薪酬业绩敏感性的影响，同时还检验了基金会性质、基金会募集方式对高管薪酬业绩敏感性的影响。本章研究结果表明：

首先，有政治关联的基金会依靠负责人的政治资源和特殊的社会资本更易获得政府援助，没有政治关联基金会的高管，更可能会要求努力程度与回报相匹配，从而表现出没有政治关联基金会的高管薪酬业绩敏感性更强。

其次，获取了基层党组织在非营利组织治理中的经验证据。即与没有设立基层党组织的基金会相比，设立基层党组织的基金会的高管更可能会要求自身的薪酬与组织绩效挂钩。

最后，我国基金会秘书长薪酬与业绩之间具有较好的协同性，这一现象在公募基金会中更为明显，而基金会性质对高管薪酬业绩敏感性影响非常有限。

以上研究以非营利组织为研究对象，不仅提供了影响非营利组织高管薪酬业绩敏感性的经验证据，使得文献更为完整和系统，而且丰富和拓展了非营利组织高管薪酬契约及其治理方面的文献，将政治因素嵌于高管薪酬契约理论框架，考察了政治因素如何影响非营利组织高管薪酬与业绩之间的关系。同时，研究结论为非营利组织薪酬契约设定、非营利组织治理、管理部门监督等方面具有一定的参考价值。

| 第 8 章 |

信息披露对非营利组织
绩效影响的实证分析

　　高质量的信息披露不仅有助于利益相关者掌握组织运营状况与财务信息，减少信息搜集成本，提高决策效率，而且可以减少捐赠者和非营利组织管理层之间的信息不对称和代理成本，增强捐赠者对非营利组织的认同，从而获得更多的捐赠收入。本章以 2005～2013 年中国社会组织网所披露的基金会为研究样本，实证检验了信息披露（信息披露质量和微博自媒体披露）对非营利组织绩效的影响及其作用机制。研究发现，信息披露质量越高，组织绩效越好，这一现象在评估等级低的基金会中更为明显；微博自媒体披露与组织绩效显著正相关，这一现象也在评估等级低的基金会中更为明显。本章研究还发现社会资本水平越高，组织绩效越好，并且发现社会资本调节信息披露与组织绩效之间的正相关关系，表现为信息披露（信息披露质量和微博自媒体披露）与组织绩效之间的正相关关系，在社会资本水平低的基金会中更为明显。本章的研究获取了非营利组织信息披露影响组织绩效的经验证据，不仅为市场打造更为明晰的信息披露坏境，帮助捐赠者作出判断，而且为非营利组织信息披露以及非营利组织管理部门监管具有一定的参考价值。

8.1　问题的提出

　　非营利组织（NPO）是独立于市场部门与行政部门的公益性组织，其成立目的旨在解决政府做不了或做不好、市场不好做或者交易成本太高的工作，为社会提供部分公共物品与服务配送（张纯，2007；程博等，2011）。现阶段，我国正处于从传统社会向现代社会渐进的社会转型期，随着市场经济体制的逐步建立，现代化建设和经济实力逐步增强。然而，相对于一个结构静态的、物质匮乏的社会，一个动态的、物质相对充裕的转型期社会更易引发社会动荡，各种社会矛盾更频繁，更易激化。非营利组织作为现代三元社会结构体系中的重要组织部分，是和谐社会的润滑剂，在中国的转型社会中肩负着太多的责任，其发展状况是中国社会能否成功转型的关键。

近年来，我国非营利组织得到了迅速发展，截止到 2016 年年底，全国共有社会组织 69.9 万个，其中基金会 5523 个，社会团队 33.5 万个，民办非企业单位 35.9 万个[①]。据基金会中心网实时统计，2016 年 12 月 31 日全国已注册的基金会数量达 5545 家，其中 28% 的是公募基金会（1565 家），72% 的为非公募基金会（3980 家）[②]。但是，整体来看，我国非营利组织管理水平、信息披露等方面与爆炸式发展态势存在着明显的脱节，尤其是频发的财务违规、责任缺失、暗箱操作等一系列丑闻事件重创了行业的公信力，由此出现了社会公众和媒体对"问责风暴"的期待，舆论和媒体的"轰炸"，不信任快速蔓延，导致非营利组织面临严重的信任危机（程博，2012）。正如美国卡耐基基金会前主席卢塞尔所说，慈善事业要有玻璃做的口袋，唯其透明，才有公信。2014 年 10 月 19 日，李克强总理在主持召开的国务院常务会议上也强调；"确定发展慈善事业措施，强化行业自律和社会监督，增强慈善组织公信力，把慈善事业做成人人信息的'透明口袋'……"。可见，如何建立透明慈善，减少信息不对称，提高信息透明度和组织公信力，对赢得捐赠者认同和支持以及改进资源配置效率具有重要的现实意义。

已有研究表明，高质量的信息披露有助于传递组织经营与财务信息，帮助利益相关者进行决策（Holthausen & Leftwich，1983；张先治等，2014），也有利于降低信息不对称程度，抑制代理人的自利行为，优化资源配置（Chen et al.，2007；Biddle & Hilary，2009；Jung et al.，2014；Cheng et al.，2017）。对非营利组织而言，信息披露质量是影响组织绩效的重要因素之一，

---

① 民政部 2016 年第 4 季度全国社会服务统计数据。
② 《慈善蓝皮书：中国慈善发展报告（2017）》。

那么，信息披露影响组织绩效的机理是什么？随着信息技术的快速发展，微博这类新媒体披露又会对组织绩效产生什么样的影响？信息披露与组织绩效的关系在不同情景机制下是否存在差异？

为了回答上述问题，本章基于组织合法性理论和信号理论，以 2005 ~ 2013 年中国社会组织网所披露的基金会为研究样本，系统考察了非营利组织信息披露的经济后果，即信息披露对组织绩效的影响，同时还检验了不同评估等级、社会资本水平对信息披露与组织绩效关系的影响。研究结果表明，信息披露质量越高、采用微博自媒体披露的基金会绩效越好，这一现象在评估等级低、社会资本水平低的基金会中更为明显。上述结论在充分考虑异方差、改变变量测量方式、控制样本自选择等问题的影响后依然稳健。

与以往文献相比，本章可能的边际贡献在于：首先，本章丰富了非营利组织信息披露的经济后果研究，尤其是微博自媒体这一新的信息媒介对非营利组织绩效的影响。其次，本章将评估等级、社会资本等情景因素纳入分析框架中，弥补了以往文献较少关注情景机制的不足。最后，本章的研究结论为民政管理部门、捐赠者等利益相关方更好地理解非营利组织管理层行为，以及如何监督和约束非营利组织会计信息披露等方面具有一定的启示意义。

8.2 理论分析与研究假设

美国财务会计准则委员会（FASB）和国际会计准则理事会（IASB）的概念框架中指出："财务报告应对现在和潜在的投资者、债权人和其他报告使用者做出合理的投资、筹资、分配以及类似决策提供有用信息"。高质量的信息披露有助于传递组织经营与财务信息，帮助利益相关者进行决策（Holthausen & Leftwich，1983；张先治等，2014），也有利于降低信息不对称程度，抑制代理人的自利行为，优化资源配置（Chen et al.，2007；Biddle & Hilary，2009；Jung et al.，2014；Cheng et al.，2017）。已有文献发现，信息披露已逐渐演变为一个信号工具，捐赠者会通过非营利组织信息披露质量的高低进行决策（Gordon & Khumawala，1999；Li et al.，2011；Saxton & Guo，2011）。本书认为，信息披露质量越高，基金会绩效越好，这是因为：一方面，与资本市场投资者有所不同，慈善市场中的捐赠者更关心的社会效益最大化，其决策行为与非营利组织信息披露质量显相关（Gordon & Khumawala，1999；刘亚莉等，2013；陈丽红等，2015）。通常而言，高质量的信息披露有助于捐赠者评价基金会的捐赠效率，以至于捐赠者会选择信息披露质量高的基金会进行捐赠，从而表现出高信息披露质量的基金会绩效更好。另一方面，组织合法性理论认为，合法性是一种社会认知，由组织具体的监管部门、社会公众、媒体等利益相关者赋予（Cohen & Dean，2005；Heugens & Lander，2009），并被其他社会活动者认为是正确和恰当的（Suchman，1995）。基金会会通过提高信息披露质量向外界释放合法性信号，获得社会公众、媒体等利益相关者的认同，从而表现出基金会绩效越好。据此，本章提出如下研究假说 H1。

H1：限定其他条件，信息披露质量与组织绩效显著正相关。

民政部门定期会对登记注册的社会团体、基金会、民办非企业单位进行客观、全面的评估，并评估出 5A 级、4A 级、3A 级、2A 级、1A 级五个级别的等级结论，5A 级等级最高，1A 级等级最低，评估等级可以作为非营利组织的信誉证明。评估等级越高，代表其声誉越好，合法性认同程度越高，那么基金会提高信息披露质量获得合法性认同的动机会减弱，从而削弱了信息披露质量与组织绩效之间的正相关关系。据此，本章提出如下研究假说 H2。

H2：限定其他条件，评估等级削弱了信息披露质量与组织绩效之间的正相关关系。即相比评估等级高的基金会，在评估等级低的基金会中，信息披露质量对组织绩效的提升作用更为明显。

随着互联网技术的发展，新的媒介被用来进行信息披露。微博作为最新的社交平台，具有及时、快捷、便利、精准传递等优点，基金会可以通过官方微博将组织最新的动态和消息更快、更准确地推送给关注自己的用户（关注基金会微博的用户包括捐赠者、受赠者、社会公众、媒体等利益相关者）。基金会采取微博自媒体这种自愿信息披露渠道便于信息在利益相关者之间流动和传播，可以降低信息使用的搜寻成本（Blankespoor et al.，2014；胡军和王甄，2015；胡军等，2016）。本书认为，开通官方微博披露的基金会绩效更好，这是因为：一方面，微博自媒体信息披露是一种自愿性披露，基金会通过微博"晒出"的财务和非财务信息,意味着基金会自身财务信息质量"过硬",否则难以经受社会公众、媒体等利益相关者的监督。与本章假设H1 逻辑一致,高质量的信息披露能够显著提高基金会绩效。另一方面,微博的"转发"功能使得信息短时间内发生裂变,引发社会公众、媒体等利益相关者广泛关注(何贤杰等,2016)。根据组织合法性理论,基金会通过开通官方微博披露相关信息向外界释放合法性信号,获得社会公众、媒体等利益相关者的认同,从而表现出基金会绩效更好。据此,本章提出如下研究假说 H3。

H3:限定其他条件,微博自媒体披露与组织绩效显著正相关。

前已述及,非营利组织评估等级越高,代表其声誉越好,合法性认同程度越高。这类基金会大多是由政府部门牵头发起成立,具有"天然的"背景优势,其建立和维持政治联系更容易。相反的是,等级越低的基金会,大多是依靠社会自发力量发起成立,背景优势"先天不足",面临着组织合法性问题。本书预期,评估等级越高的基金会,基金会通过开通官方微博披露获得合法性认同的动机会减弱,从而削弱了微博自媒体披露质量与组织绩效之间的正相关关系。据此,本章提出如下研究假说 H4。

H4:限定其他条件,评估等级削弱了微博自媒体披露与组织绩效之间的正相关关系。即相比评估等级高的基金会,在评估等级低的基金会中,微博自媒体披露对组织绩效的提升作用更为明显。

综合上述理论分析与研究假说的论述,概括本章研究逻辑框架如图 8.1所示。

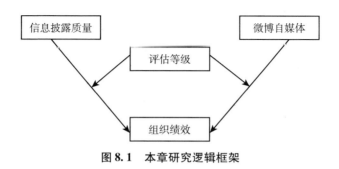

图 8.1 本章研究逻辑框架

8.3 研究设计

8.3.1 样本选择与数据来源

为了考察非营利组织信息披露对组织绩效（捐赠者决策行为）[①] 的影响，本章选取 2005~2013 年中国社会组织网所披露的基金会为研究样本。由于我国《基金会信息公布办法》于 2006 年 1 月 12 日公布施行，并规定基金会应当次年 3 月 31 日前，向登记管理机关报送年度工作报告，因此，研究样本起始点设定为 2005 年。本章主要数据从中国社会组织网的基金会子站年度工作报告所披露基金会的基本信息、机构建设情况、业务活动情况、财务会计报告、接受监督与管理的情况、审计意见、监事意见和其他信息等内容中手工提取。为了尽可能保持样本完整性，对中国社会组织网基金会子站披露信息不全的样本，通过中国基金会网、基金会官方网站以及百度搜索补充相关信息，研究期间共披露 1227 份年度工作报告，剔除披露重复、模型中主要变量和控制变量有缺失值的样本，最终获取 1095 个基金会年度观测值（样本年度分布情况与第 5 章表 5.1 相同）。为了控制异常值的干扰，相关连续变量均在 1% 和 99% 水平上进行 winsorize 处理。

8.3.2 模型设定和变量说明

为了检验本章假说 H1 至假说 H4，借鉴非营利组织绩效的已有文献，本章将待检验的回归模型设定为：

$$LnPerf = \alpha + \beta_1 \times Acc + \beta_2 \times Acc \times Level + \beta_3 \times Level + \beta_4 \times Size$$
$$+ \beta_5 \times Gov + \beta_6 \times Adm + \beta_7 \times Big100 + \beta_8 \times Dual$$

[①] 已有文献对基金会捐赠者的决策，通常称为基金会绩效、基金会筹资、基金会捐赠收入等，本书对这些概念不加区分，为行文方便，本章以组织绩效来描述。

$$+ \beta_9 \times PC + \beta_{10} \times Accsum + \beta_{11} \times Saccsum$$
$$+ \beta_{12} \times Branum + \beta_{13} \times Spefund + \beta_{14} \times Off$$
$$+ \beta_{15} \times Age + \beta_{16} \times Area + \sum Ind + \sum Year + \varepsilon \qquad (8.1)$$

$$LnPerf = \alpha + \beta_1 \times Microblog + \beta_2 \times Microblog \times Level + \beta_3 \times Level$$
$$+ \beta_4 \times Size + \beta_5 \times Gov + \beta_6 \times Adm + \beta_7 \times Big100$$
$$+ \beta_8 \times Dual + \beta_9 \times PC + \beta_{10} \times Accsum + \beta_{11} \times Saccsum$$
$$+ \beta_{12} \times Branum + \beta_{13} \times Spefund + \beta_{14} \times Off + \beta_{15} \times Age$$
$$+ \beta_{16} \times Area + \sum Ind + \sum Year + \varepsilon \qquad (8.2)$$

其中，组织绩效（LnPerf_1），借鉴韦伯德和多明格斯（Weibrod & Domingues，1986）、刘亚莉等（2013）、陈丽红、张龙平和杜建军（2014）、陈丽红、张龙平和李青原（2015）的做法，本书采用基金会年度捐赠收入总额加 1 的自然对数来衡量组织绩效。考虑到不同的捐赠者类型，本书进一步将捐赠收入分为个人捐赠收入（LnPerf_2）和机构捐赠收入（LnPerf_3）两类，并进行对数处理，作为组织绩效的代理变量进行稳健性检验。

Acc 和 *Microblog* 为关键解释变量。*Acc* 表示基金会的信息披露质量。根据中国社会组织网基金会子站年度报告中其他信息栏中披露的资料统计，在 1095 个有效样本观测值中，选择报纸、网站、杂志三种媒体之一的样本为 330 个，占比 30.1%；选择两种及以上媒体的样本为 225 个，占比 20.6%，没有披露媒体指定方式的 540 个，占比 49.3%。通常来说，基金会财务报告信息质量越高，越有可能选择多渠道、多形式进行公开披露。参考刘亚莉等（2013）的研究，从财务信息披露的渠道方式入手，当基金会年度报告中披露的媒体方式为两种及两种以上时，*Acc* 赋值为 1，否则 *Acc* 赋值为 0。*Microblog* 表示是否开通新浪官方微博，并且必须是加蓝 *V* 认证的基金会总部微博（样式如第 5 章图 5.3 所示），通过手工整理，在中国社会组织网站基金会子站披露年度工作报告的基金会，有 144 个样本开通了新浪官方微博（附录表 2 列出了 144 家基金会微博信息简表），在有效样本观测值 1095 中，有 46 家基金会 107 个样本开通了微博。当基金会开通新浪官方微博后 *Microblog* 赋值为 1，否则 *Microblog* 赋值为 0（胡军和王甄，2015）。

Level 为调节变量，表示非营利组织评估等级。非营利组织评估是由民政部门对其客观、全面的评估，评估等级可以作为该组织的信誉证明。评估结

果共分为 5 个等级，由高至低依次为 5A 级（AAAAA）、4A 级（AAAA）、3A 级（AAA）、2A 级（AA）、1A 级（A）。获得评估等级的社会组织在开展对外活动和宣传时，可以将评估等级证书作为信誉证明出示。非营利组织评估等级越高，代表该非营利组织（基金会）声誉越好，并且在获得 4A 级及以上等级的非营利组织可以简化年检程序。因此，本章将基金会被民政部门评估等级为 4A 级及以上等级时，*Level* 赋值为 1，否则 *Level* 赋值为 0。

参考以往文献的常用设定（刘亚莉等，2013；陈丽红、张龙平和杜建军，2014；陈丽红、张龙平和李青原，2015），本书在回归模型中控制了组织规模（*Size*）、基金会性质（*Gov*）、管理效率（*Adm*）、审计质量（*Big*100）、领导权结构（*Dual*）、政治关联（*PC*）、财会人员规模（*Accsum*）、财会人员能力（*Saccsum*）、分支机构数量（*Branum*）和专项基金数量（*Spefund*）、募集方式（*Off*）、成立年限（*Age*）和注册地点（*Area*）。此外，回归模型中还加入了行业（*Ind*）和年度（*Year*）哑变量，以控制行业效应和年度效应。本章涉及新增变量定义如表 8.1 所示，其他变量与第 5 ~ 7 章中定义一致。

表 8.1　　　　　　　　　　　　　　变量定义

变量	变量具体定义及测度
*LnPerf*_1	组织绩效 1，基金会年度捐赠收入总额加 1 的自然对数
*LnPerf*_2	组织绩效 2，基金会年度个人捐赠收入总额加 1 的自然对数
*LnPerf*_3	组织绩效 3，基金会年度机构捐赠收入总额加 1 的自然对数

8.3.3　变量描述性统计

表 8.2 报告了变量的描述性统计结果。由表 8.2 的结果可知，样本中组织绩效（LnPerf_1）的均值为 14.435，标准差为 5.428，也说明各基金会收到的捐赠收入差异较大；个人捐赠收入（LnPerf_2）和机构捐赠收入（LnPerf_3）的均值分别为 8.248 和 13.077，二者的标准差分别为 7.047 和 6.676，这也说明基金会收到的个人和机构捐赠收入差异也较大。样本中约 20.6% 的基金会选择了两种及两种以上的媒体披露年度工作报告（Acc）；约 10% 的样本开通了新浪官方微博（Microblog），约 20% 的基金会评估等级（Level）为 4A 级

表 8.2

变量描述性统计结果

变量	均值	标准差	LnPerf_1	LnPerf_2	LnPerf_3	Acc	Microblog	Level	Size	Gov	Adm	Big100	Dual	PC	Accsum	Saccsum	Branum	Spefund	Off	Age
LnPerf_1	14.435	5.428	1																	
LnPerf_2	8.248	7.047	0.515***	1																
LnPerf_3	13.077	6.676	0.786***	0.222***	1															
Acc	0.206	0.404	0.187***	0.182***	0.185***	1														
Microblog	0.098	0.297	0.146***	0.222***	0.109***	0.221***	1													
Level	0.196	0.397	0.329***	0.383***	0.317***	0.227***	0.186***	1												
Size	17.323	2.524	0.433***	0.263***	0.391***	0.204***	0.117***	0.329***	1											
Gov	0.324	0.468	0.007	0.028	-0.004	-0.149***	-0.136***	0.021	0.016	1										
Adm	0.457	2.633	-0.144***	-0.059*	-0.192***	0.003	-0.016	-0.074**	-0.011	0.073**	1									
Big100	0.459	0.499	0.044	0.057*	0.065*	0.139***	0.104***	-0.027	0.108***	-0.122***	-0.016	1								
Dual	0.092	0.289	-0.092***	-0.068**	-0.102***	-0.068**	-0.052*	-0.007	-0.038	-0.019	0.029	0.054*	1							
PC	0.516	0.500	0.188***	0.166***	0.163***	0.063**	-0.007	0.198***	0.153***	0.308***	-0.035	-0.141***	-0.285***	1						
Accsum	2.119	0.642	0.266***	0.197***	0.257***	0.153***	0.078***	0.278***	0.271***	-0.034	-0.060*	0.035	-0.010	0.174***	1					
Saccsum	0.087	0.202	0.018	-0.011	0.009	0.050*	0.054*	0.004	0.070*	-0.109***	-0.023	0.040	0.035	-0.127	0.033	1				
Branum	0.340	1.241	0.060*	0.092***	0.054*	0.048	0.034	0.065*	-0.001	0.133***	0.007	-0.025	-0.011	0.081***	-0.020	0.015	1			
Spefund	1.749	7.317	0.149***	0.228***	0.132***	0.212***	0.122***	0.140***	0.152***	-0.111***	-0.036	0.002	-0.041	0.065*	0.170***	0.049	0.083***	1		
Off	0.608	0.488	0.171***	0.076**	0.151***	0.024	-0.038	0.147***	0.042	0.208***	0.046	-0.094***	0.049	0.29***	0.131***	-0.056*	0.134***	0.035	1	
Age	2.107	1.010	0.078**	0.083***	0.092***	0.083***	0.029	0.213***	0.138***	0.143***	0.038	-0.016	0.111***	0.14***	0.186***	-0.056*	0.168***	0.019	0.504***	1
Area	0.860	0.347	0.041	0.011	0.034	-0.017	-0.009	0.113***	0.046	0.161***	0.032	0.123***	0.028	0.110***	0.013	-0.136***	0.017	-0.092***	0.265***	0.239***

注: * $p<0.10$, ** $p<0.05$, *** $p<0.01$; $N=1095$。

及以上，表明我国基金会声誉差异较大，大多数基金会社会影响力有限。组织规模（*Size*）的均值和标准差分别为 17.323 和 2.524，这表明我国基金会规模差异较大，发展较不均衡；样本中有 32.4% 属于官方性基金会（*Gov*）。管理效率（*Adm*）的均值和标准差 0.457 和 2.633，整体来看，管理效率还有待进一步提高；约 46% 的基金会选择了"百强"会计师事务所审计（*Big*100），9.2% 的基金会采取的秘书长兼任理事长两职合一的领导权结构（*Dual*）治理模式，51.6% 的基金会负责人担任过省部级及以上领导（*PC*）。基金会财会人员规模（*Accsum*）均值为 2.119，基金会高级职称和注册会计师占财会人员数量之比（*Saccsum*）的均值为 0.087，分支机构（*Branum*）和专项基金（*Spefund*）的均值分别为 0.340 和 1.749。样本中有 60.8% 的基金会为公募基金会（*Off*），基金会成立年限（*Age*）的均值为 2.107，86% 的基金会注册地点为发达地区（*Area*）。

进一步来看，信息披露质量（*Acc*）与组织绩效（Ln*Perf*_1、Ln*Perf*_2 和 Ln*Perf*_3）显著正相关（$p < 0.01$），初步支持本章假说 H1 的预期；微博自媒体披露（*Microblog*）与组织绩效（Ln*Perf*_1、Ln*Perf*_2 和 Ln*Perf*_3）显著正相关（$p < 0.01$），初步支持本章假说 H3 的预期。而其他控制变量的相关系数则较低，大部分相关系数在 0.3 以内，这说明变量之间不存在严重的多重共线性问题。

8.4 实证结果与分析

8.4.1 信息披露质量与组织绩效

表 8.3 报告了信息披露质量与组织绩效关系的检验结果。列（1）至列（3）的被解释变量依次为 Ln*Perf*_1、Ln*Perf*_2 和 Ln*Perf*_3。列（1）的估计结果显示，在控制其他因素的影响后，变量信息披露质量（*Acc*）的回归系数为 1.0315（$t = 3.50$），在 1% 的显著水平上正相关；列（2）的估计结果显示，变量信息披露质量（*Acc*）的回归系数为 1.5186（$t = 3.06$），也在 1% 的显著

水平上正相关；列（3）的估计结果显示，变量信息披露质量（Acc）的回归系数为 1.3430（$t=3.44$），依然在 1% 的显著水平上正相关。以上检验结果强有力地支持了本章研究假说 H1 的预期，表明相对信息披露质量低的基金会而言，信息披露质量高的基金会绩效更好。

表 8.3　　　　　　　　信息披露质量与组织绩效关系的检验结果

变量	（1） LnPerf_1	（2） LnPerf_2	（3） LnPerf_3
Acc	1.0315 *** （3.50）	1.5186 *** （3.06）	1.3430 *** （3.44）
Size	0.7945 *** （11.56）	0.4585 *** （6.24）	0.8536 *** （11.83）
Gov	−0.1705 （−0.52）	0.3829 （0.83）	−0.1914 （−0.48）
Adm	−0.2739 *** （−9.74）	−0.1261 ** （−2.52）	−0.4612 *** （−8.61）
Big100	0.1293 （0.43）	0.6738 （1.63）	0.4662 （1.26）
Dual	−0.9860 * （−1.67）	−0.7071 （−0.97）	−1.6988 ** （−2.43）
PC	0.4469 （1.36）	0.9465 ** （2.07）	0.2823 （0.70）
Accsum	1.0730 *** （5.36）	1.0431 *** （3.26）	1.3230 *** （5.37）
Saccsum	−0.4127 （−0.51）	−1.1511 （−1.14）	−0.7285 （−0.76）
Branum	0.2216 *** （3.46）	0.4300 *** （3.76）	0.2392 ** （2.20）
Spefund	0.0207 （1.18）	0.1255 *** （6.19）	0.0141 （0.65）
Off	2.0692 *** （5.05）	0.7520 （1.54）	2.1860 *** （4.51）

续表

变量	(1)	(2)	(3)
	LnPerf_1	LnPerf_2	LnPerf_3
Age	−0.5023** (−2.43)	0.0586 (0.26)	−0.3223 (−1.42)
Area	0.1076 (0.21)	0.2008 (0.32)	−0.0205 (−0.03)
Constant	−2.2861** (−2.10)	−4.4224*** (−3.43)	−5.5132*** (−4.80)
Ind	Yes	Yes	Yes
Year	Yes	Yes	Yes
$Adj-R^2$	0.2652	0.1585	0.2391
F	42.8955	26.0310	40.7127
N	1095	1095	1095

注：*$p<0.10$，**$p<0.05$，***$p<0.01$，括号内为 t 值。回归中按照基金会代码进行了 cluster 处理，并利用 robust 选项控制了异方差问题。

从控制变量来看，组织规模越大、财会人员规模越大、分支机构数量越多的基金会获取的捐赠收入越多，这与陈丽红等（2014）的发现一致，意味着基金会规模是影响其捐赠收入的重要因素，表征出基金会规模越大，捐赠者对其认同度也随之增加，捐赠收入获取能力也越强。同时发现，管理效率（是一个反向指标）的系数显著为负，意味着管理水平越高，能够提高捐赠者对基金会的认同度，从而获取更多的捐赠收入。

8.4.2 微博自媒体披露与组织绩效

表8.4报告了微博自媒体披露与组织绩效关系的检验结果。列（1）至列（3）的被解释变量依次为 LnPerf_1、LnPerf_2 和 LnPerf_3。列（1）的估计结果显示，在控制其他因素的影响后，变量微博自媒体披露（Microblog）的回归系数为1.6642（t=4.98），在1%的显著水平上正相关；列（2）的估计结果显示，变量微博自媒体披露（Microblog）的回归系数为4.4018（t=7.74），

也在 1% 的显著水平上正相关；列（3）的估计结果显示，变量微博自媒体披露（*Microblog*）的回归系数为 1.1821（$t = 2.13$），在 5% 的显著水平上正相关。以上检验结果证实了本章研究假说 H3，意味着开通官方微博的基金会绩效更好。

表 8.4 微博自媒体披露与组织绩效关系的检验结果

变量	（1） LnPerf_1	（2） LnPerf_2	（3） LnPerf_3
Microblog	1.6642 *** （4.98）	4.4018 *** （7.74）	1.1821 ** （2.13）
Size	0.8000 *** （11.64）	0.4472 *** （6.11）	0.8705 *** （11.91）
Gov	− 0.1758 （− 0.54）	0.5254 （1.13）	− 0.2740 （− 0.68）
Adm	− 0.2699 *** （− 10.15）	− 0.1208 ** （− 2.49）	− 0.4558 *** （− 8.83）
*Big*100	0.1531 （0.51）	0.6192 （1.52）	0.5424 （1.46）
Dual	− 0.9795 * （− 1.66）	− 0.5944 （− 0.82）	− 1.7424 ** （− 2.50）
PC	0.4844 （1.48）	0.9871 ** （2.19）	0.3385 （0.84）
Accsum	1.0898 *** （5.36）	1.0417 *** （3.30）	1.3580 *** （5.45）
Saccsum	− 0.4523 （− 0.57）	− 1.2915 （− 1.32）	− 0.7387 （− 0.77）
Branum	0.2209 *** （3.35）	0.4112 *** （3.46）	0.2472 ** （2.26）
Spefund	0.0230 （1.32）	0.1214 *** （6.05）	0.0209 （0.97）
Off	2.1261 *** （5.19）	0.9065 * （1.90）	2.2245 *** （4.56）

变量	(1)	(2)	(3)
	LnPerf_1	LnPerf_2	LnPerf_3
Age	− 0. 4964 ** (− 2. 41)	0. 0399 (0. 18)	− 0. 3009 (− 1. 33)
Area	0. 0799 (0. 16)	0. 1574 (0. 25)	− 0. 0552 (− 0. 09)
Constant	− 2. 4316 ** (− 2. 21)	− 4. 4135 *** (− 3. 41)	− 5. 8152 *** (− 4. 95)
Ind	Yes	Yes	Yes
Year	Yes	Yes	Yes
$Adj - R^2$	0. 2679	0. 1847	0. 2359
F	47. 2160	28. 9809	40. 3698
N	1095	1095	1095

注：* $p < 0.10$，** $p < 0.05$，*** $p < 0.01$，括号内为 t 值。回归中按照基金会代码进行了 *cluster* 处理，并利用 *robust* 选项控制了异方差问题。

根据表 8.4 中结果同样可以看出，组织规模越大、财会人员规模越大、分支机构数量越多的基金会获取的捐赠收入越多，这与陈丽红等（2014）的发现一致，意味着基金会规模是影响其捐赠收入的重要因素，表现出规模越大，捐赠者对其认同度也随之增加，捐赠收入获取能力也越强。同时也发现，管理效率（是一个反向指标）的系数显著为负，意味着管理水平越高，能够提高捐赠者对基金会的认同度，从而获取更多的捐赠收入。

8.4.3　信息披露质量、评估等级与组织绩效

表 8.5 报告了信息披露质量、评估等级与组织绩效关系的检验结果。列（1）至列（3）的被解释变量依次为 LnPerf_1、LnPerf_2 和 LnPerf_3，各列中变量信息披露质量（Acc）的回归系数均显著为正（$p < 0.01$），再次证实了本章研究假说 H1，表明信息披露质量与组织绩效显著正相关。列（1）的估计结果显示，在控制其他因素的影响后，信息披露质量（Acc）与评估等级

（*Level*）的交互项 *Acc × Level* 的回归系数为 - 1. 7573（*t* = - 3. 60），且在 1%
的水平上显著为负；列（2）和列（3）中同样显示，交互项 *Acc × Level* 依然
显著为负，这表明评估等级负向调节信息披露质量与组织绩效之间的正相关
关系，证实了本章研究假说 H2，意味着相比评估等级高的基金会，在评估等
级低的基金会中，信息披露质量对组织绩效的提升作用更为明显。为了更加
形象地说明评估等级对信息披露质量与组织绩效关系的调节作用，根据表
8. 5 中列（1）回归结果绘制了图 8. 2，从图 8. 2 可以清晰看出，评估等级显
著削弱了信息披露质量与组织绩效之间的正相关关系。

表 8.5　　信息披露质量、评估等级与组织绩效关系的检验结果

变量	（1）	（2）	（3）
	LnPerf_1	LnPerf_2	LnPerf_3
Acc	1. 2614 *** （3. 28）	1. 7203 *** （2. 82）	1. 3907 *** （2. 67）
Level	2. 6112 *** （8. 71）	5. 8796 *** （10. 67）	2. 9537 *** （5. 92）
Acc × Level	- 1. 7573 *** （ - 3. 60）	- 3. 0294 *** （ - 3. 26）	- 1. 3651 * （ - 1. 89）
Size	0. 7165 *** （10. 08）	0. 2761 *** （3. 78）	0. 7610 *** （11. 22）
Gov	- 0. 1124 （ - 0. 35）	0. 5034 （1. 15）	- 0. 1309 （ - 0. 33）
Adm	- 0. 2544 *** （ - 9. 25）	- 0. 0784 * （ - 1. 67）	- 0. 4367 *** （ - 8. 18）
*Big*100	0. 2287 （0. 77）	0. 9258 ** （2. 32）	0. 5967 （1. 61）
Dual	- 1. 0335 * （ - 1. 77）	- 0. 8492 （ - 1. 22）	- 1. 7761 *** （ - 2. 61）
PC	0. 2955 （0. 91）	0. 5891 （1. 34）	0. 1005 （0. 25）

变量	(1)	(2)	(3)
	LnPerf_1	LnPerf_2	LnPerf_3
Accsum	0.9136 *** (4.57)	0.6398 ** (2.07)	1.1127 *** (4.46)
Saccsum	-0.3651 (-0.46)	-1.0493 (-1.06)	-0.6792 (-0.71)
Branum	0.2008 *** (3.21)	0.3773 *** (3.32)	0.2115 ** (2.01)
Spefund	0.0236 (1.33)	0.1286 *** (6.19)	0.0150 (0.68)
Off	2.0064 *** (4.93)	0.6077 (1.28)	2.1147 *** (4.41)
Age	-0.5833 *** (-2.82)	-0.1350 (-0.60)	-0.4227 * (-1.87)
Area	-0.1064 (-0.21)	-0.3203 (-0.50)	-0.2884 (-0.47)
Constant	-0.5889 (-0.51)	-0.3263 (-0.25)	-3.4096 *** (-3.04)
Ind	Yes	Yes	Yes
Year	Yes	Yes	Yes
$Adj - R^2$	0.2851	0.2237	0.2568
F	54.6445	35.8377	51.2193
N	1095	1095	1095

注：$* p < 0.10$，$** p < 0.05$，$*** p < 0.01$，括号内为 t 值。回归中按照基金会代码进行了 cluster 处理，并利用 robust 选项控制了异方差问题。

由表 8.5 进一步可知，评估等级（Level）与组织绩效（LnPerf）显著正相关 $p < 0.01$），表明评估等级越高（声誉较好）的基金会，获得社会认同程度越高，从而获得更多的捐赠收入。

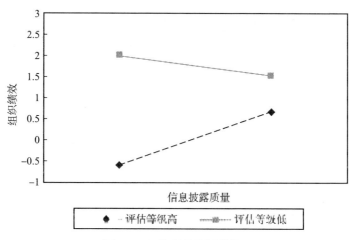

图 8.2 评估等级的调节作用

8.4.4 微博自媒体披露、评估等级与组织绩效

表 8.6 报告了微博自媒体披露、评估等级与组织绩效关系的检验结果。列（1）至列（3）的被解释变量依次为 LnPerf_1、LnPerf_2 和 LnPerf_3，列（1）至列（2）中变量微博自媒体披露（Microblog）的回归系数均显著为正（$p < 0.01$），再次证实了本章研究假说 H3，表明微博自媒体披露与组织绩效显著正相关。列（1）的估计结果显示，在控制其他因素的影响后，微博自媒体披露（Microblog）与评估等级（Level）的交互项 $Microblog \times Level$ 的回归系数为 -1.6777（$t = -3.25$），且在 1% 的水平上显著为负；列（2）中同样显示，交互项 $Microblog \times Level$ 依然显著为负，这表明评估等级负向调节微博自媒体披露与组织绩效之间的正相关关系，证实了本章研究假说 H4，意味着相比评估等级高的基金会，在评估等级低的基金会中，微博自媒体披露对组织绩效的提升作用更为明显。列（3）中交互项 $Microblog \times Level$ 的回归系数为 -0.1959（$t = -0.20$），未通过显著性检验，意味着评估等级对机构捐赠者的决策影响有限。为了更加形象地说明评估等级对微博自媒体披露与组织绩效关系的调节作用，根据表 8.6 中列（1）回归结果绘制了图 8.3，从图 8.3 可以清晰看出，评估等级显著削弱了微博自媒体披露与组织绩效之间的正相关关系。

表 8.6 微博自媒体披露、评估等级与组织绩效关系的检验结果

变量	(1)	(2)	(3)
	LnPerf_1	LnPerf_2	LnPerf_3
Microblog	1.9042 ***	4.7188 ***	0.7373
	(4.09)	(6.12)	(0.89)
Level	2.2897 ***	5.1343 ***	2.6285 ***
	(7.71)	(9.43)	(5.70)
Microblog × Level	−1.6777 ***	−3.2309 ***	−0.1959
	(−3.25)	(−3.07)	(−0.20)
Size	0.7259 ***	0.2784 ***	0.7777 ***
	(10.29)	(3.88)	(11.47)
Gov	−0.1536	0.5800	−0.2253
	(−0.48)	(1.30)	(−0.57)
Adm	−0.2503 ***	−0.0759 *	−0.4308 ***
	(−9.64)	(−1.66)	(−8.42)
Big100	0.2303	0.8076 **	0.6764 *
	(0.77)	(2.02)	(1.82)
Dual	−1.0786 *	−0.8164	−1.8557 ***
	(−1.86)	(−1.18)	(−2.73)
PC	0.3285	0.6320	0.1436
	(1.00)	(1.45)	(0.36)
Accsum	0.8889 ***	0.5853 *	1.1076 ***
	(4.44)	(1.92)	(4.42)
Saccsum	−0.3732	−1.1252	−0.6878
	(−0.47)	(−1.18)	(−0.71)
Branum	0.1723 ***	0.3088 ***	0.2116 *
	(2.66)	(2.76)	(1.95)
Spefund	0.0185	0.1113 ***	0.0160
	(1.06)	(5.59)	(0.75)
Off	2.0685 ***	0.7708 *	2.1442 ***
	(5.08)	(1.65)	(4.43)
Age	−0.5729 ***	−0.1358	−0.4084 *
	(−2.77)	(−0.61)	(−1.80)

续表

变量	(1)	(2)	(3)
	LnPerf_1	LnPerf_2	LnPerf_3
Area	−0.1281 (−0.26)	−0.3208 (−0.50)	−0.3300 (−0.54)
Constant	−0.6559 (−0.57)	−0.3614 (−0.28)	−3.5496 *** (−3.13)
Ind	Yes	Yes	Yes
Year	Yes	Yes	Yes
Adj R^2	0.2854	0.2400	0.2532
F	58.3740	38.4394	49.9796
N	1095	1095	1095

注：*$p<0.10$，**$p<0.05$，***$p<0.01$，括号内为 t 值。回归中按照基金会代码进行了 cluster 处理，并利用 robust 选项控制了异方差问题。

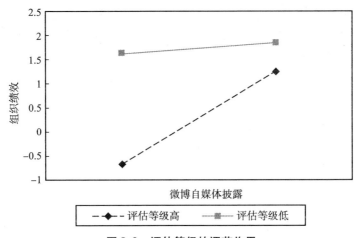

图8.3 评估等级的调节作用

由表8.6同样可以看出，评估等级（*Level*）与组织绩效（LnPerf）显著正相关 $p<0.01$），表明评估等级越高（声誉较好）的基金会，获得社会认同程度越高，从而获得更多的捐赠收入。

8.5 稳健性检验

8.5.1 替代变量的稳健性检验

8.5.1.1 改变信息披露质量的测量方式

为了确保结论的稳健，改变信息披露质量测量指标进行稳健性分析。当基金会年度报告中披露的媒体方式为一种及一种以上时，Acc 赋值为1，否则 Acc 赋值为0。表8.7报告了改变信息披露质量测量方式的检验结果。列（1）至列（3）的被解释变量依次为 $LnPerf\_1$、$LnPerf\_2$ 和 $LnPerf\_3$，列（1）至列（3）中变量信息披露质量（Acc）的回归系数依次为1.4737、1.1119 和 1.0743，分别在1%、5%、1%的显著水平上正相关，依然支持本章研究假说 H1 的预期，意味着相对信息披露质量低的基金会而言，信息披露质量高的基金会绩效更好。

表8.7　　　信息披露质量与组织绩效关系的稳健性检验结果

变量	（1）	（2）	（3）
	$LnPerf\_1$	$LnPerf\_2$	$LnPerf\_3$
Acc	1.4737 ***	1.1119 **	1.0743 ***
	(4.86)	(2.55)	(2.77)
$Size$	0.7835 ***	0.4660 ***	0.8582 ***
	(11.33)	(6.22)	(11.65)
Gov	0.0194	0.4304	− 0.1294
	(0.06)	(0.93)	(− 0.32)
Adm	− 0.2733 ***	− 0.1224 **	− 0.4582 ***
	(− 8.69)	(− 2.43)	(− 8.38)
$Big100$	0.0280	0.6693	0.4498
	(0.09)	(1.60)	(1.20)
$Dual$	− 0.9667 *	− 0.7511	− 1.7314 **
	(− 1.67)	(− 1.03)	(− 2.50)

续表

变量	（1）	（2）	（3）
	LnPerf_1	LnPerf_2	LnPerf_3
PC	0.4679	0.9982 **	0.3263
	(1.43)	(2.18)	(0.82)
Accsum	1.0794 ***	1.0761 ***	1.3501 ***
	(5.45)	(3.35)	(5.49)
Saccsum	−0.5601	−1.2405	−0.8186
	(−0.71)	(−1.23)	(−0.86)
Branum	0.2258 ***	0.4436 ***	0.2505 **
	(3.55)	(3.86)	(2.34)
Spefund	0.0154	0.1277 ***	0.0152
	(0.93)	(6.46)	(0.72)
Off	2.1711 ***	0.8264 *	2.2584 ***
	(5.32)	(1.70)	(4.66)
Age	−0.6501 ***	−0.0320	−0.4134 *
	(−3.19)	(−0.14)	(−1.83)
Area	0.1627	0.2242	0.0052
	(0.32)	(0.35)	(0.01)
Constant	−2.4467 **	−4.7845 ***	−5.8227 ***
	(−2.23)	(−3.66)	(−4.97)
Ind	Yes	Yes	Yes
Year	Yes	Yes	Yes
$Adj-R^2$	0.2754	0.1570	0.2387
F	40.4204	26.8971	39.5355
N	1095	1095	1095

注：$*p<0.10$，$**p<0.05$，$***p<0.01$，括号内为 t 值。回归中按照基金会代码进行了 cluster 处理，并利用 robust 选项控制了异方差问题。

表 8.8 报告了改变信息披露质量测量方式后，信息披露质量、评估等级与组织绩效关系的稳健性检验结果。列（1）至列（3）的被解释变量依次为 LnPerf_1、LnPerf_2 和 LnPerf_3，各列中变量信息披露质量（Acc）的回归系数均显著为正（$p<0.01$），本章研究假说 H1 再次得到验证。列（1）至列（3）

163

中信息披露质量（*Acc*）与评估等级（*Level*）的交互项 *Acc* × *Level* 的回归系数依次为 − 2. 3382、− 3. 1113 和 − 1. 5671，分别在 1%、1%、5% 的显著水平上负相关，回归结果依旧很好地支持本章研究假说 H2 的预期。类似前文做法，为了更加形象地说明评估等级对信息披露质量与组织绩效关系的调节作用，根据表 8. 8 中列（1）回归结果绘制了图 8. 4，从图 8. 4 可以清晰看出，评估等级显著削弱了信息披露质量与组织绩效之间的正相关关系。

表 8.8　　信息披露质量、评估等级与组织绩效关系的稳健性检验结果

变量	(1)	(2)	(3)
	LnPerf_1	LnPerf_2	LnPerf_3
Acc	1. 9320 *** (5. 49)	1. 7376 *** (3. 67)	1. 3901 *** (3. 13)
Level	3. 5399 *** (10. 26)	6. 8622 *** (10. 66)	3. 5976 *** (6. 04)
Acc × *Level*	− 2. 3382 *** (− 5. 49)	− 3. 1113 *** (− 3. 85)	− 1. 5671 ** (− 2. 29)
Size	0. 6944 *** (9. 54)	0. 2659 *** (3. 54)	0. 7522 *** (10. 83)
Gov	0. 1453 (0. 45)	0. 6736 (1. 52)	− 0. 0003 (− 0. 00)
Adm	− 0. 2512 *** (− 7. 95)	− 0. 0725 (− 1. 57)	− 0. 4318 *** (− 7. 82)
*Big*100	0. 1045 (0. 35)	0. 8648 ** (2. 16)	0. 5535 (1. 48)
Dual	− 0. 9991 * (− 1. 78)	− 0. 8631 (− 1. 24)	− 1. 7924 *** (− 2. 68)
PC	0. 2715 (0. 84)	0. 5714 (1. 30)	0. 1010 (0. 25)
Accsum	0. 9247 *** (4. 71)	0. 6574 ** (2. 12)	1. 1251 *** (4. 53)
Saccsum	− 0. 4782 (− 0. 62)	− 1. 1119 (− 1. 13)	− 0. 7534 (− 0. 79)
Branum	0. 2053 *** (3. 28)	0. 3853 *** (3. 41)	0. 2190 ** (2. 11)

续表

变量	（1）LnPerf_1	（2）LnPerf_2	（3）LnPerf_3
Spefund	0.0167 （1.00）	0.1237 *** （6.25）	0.0128 （0.60）
Off	2.1073 *** （5.23）	0.6882 （1.44）	2.1870 *** （4.58）
Age	－0.7837 *** （－3.88）	－0.3052 （－1.35）	－0.5585 ** （－2.47）
Area	－0.0627 （－0.13）	－0.3048 （－0.48）	0.2758 （－0.45）
Constant	－0.6611 （－0.57）	－0.4805 （－0.36）	－3.5289 *** （－3.09）
Ind	Yes	Yes	Yes
Year	Yes	Yes	Yes
$Adj - R^2$	0.3019	0.2288	0.2601
F	53.3768	37.9680	48.7074
N	1095	1095	1095

注： $*p < 0.10$ ， $**p < 0.05$ ， $***p < 0.01$ ，括号内为 t 值。回归中按照基金会代码进行了 *cluster* 处理，并利用 *robust* 选项控制了异方差问题。

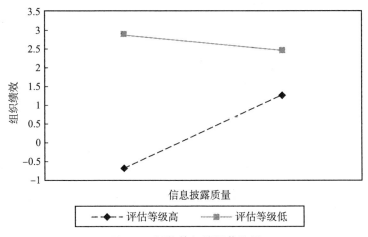

图 8.4　评估等级的调节作用

8.5.1.2 改变微博自媒体披露的测量方式

类似第5章做法，为了确保结论的稳健，改变微博自媒体披露测量指标进行稳健性分析。本书以基金会新浪官方微博年微博数量加1的自然对数来度量微博自媒体披露情况（*Microblog*）。表8.9报告了改变微博自媒体披露测量方式的检验结果。列（1）至列（3）的被解释变量依次为 LnPerf_1、Ln-Perf_2 和 LnPerf_3，列（1）至列（3）中变量微博自媒体披露（*Microblog*）的回归系数依次为0.2479、0.6647和0.2010，均在1%的显著水平上正相关，依然很好地支持本章研究假说 H3 的预期，表明开通官方微博的基金会绩效更好。

表8.9　　微博自媒体披露与组织绩效关系的稳健性检验结果

变量	（1） LnPerf_1	（2） LnPerf_2	（3） LnPerf_3
Microblog	0.2479 *** （5.40）	0.6647 *** （9.02）	0.2010 *** （2.76）
Size	0.7977 *** （11.62）	0.4406 *** （6.05）	0.8670 *** （11.90）
Gov	− 0.1789 （− 0.55）	0.5216 （1.13）	− 0.2637 （− 0.66）
Adm	− 0.2697 *** （− 10.17）	− 0.1201 ** （− 2.49）	− 0.4556 *** （− 8.81）
*Big*100	0.1576 （0.53）	0.6286 （1.55）	0.5384 （1.45）
Dual	− 0.9741 * （− 1.65）	− 0.5765 （− 0.80）	− 1.7292 ** （− 2.48）
PC	0.4853 （1.48）	0.9891 ** （2.20）	0.3380 （0.84）
Accsum	1.0845 *** （5.34）	1.0268 *** （3.26）	1.3515 *** （5.42）
Saccsum	− 0.4563 （− 0.57）	− 1.3048 （− 1.34）	− 0.7489 （− 0.78）

续表

变量	(1) LnPerf_1	(2) LnPerf_2	(3) LnPerf_3
Branum	0.2158 *** (3.24)	0.3971 *** (3.30)	0.2416 ** (2.21)
Spefund	0.0232 (1.33)	0.1215 *** (6.10)	0.0203 (0.94)
Off	2.1291 *** (5.20)	0.9168 * (1.92)	2.2330 *** (4.58)
Age	−0.4937 ** (−2.39)	0.0465 (0.21)	−0.3010 (−1.33)
Area	0.0575 (0.11)	0.0971 (0.15)	−0.0736 (−0.12)
Constant	−2.3730 ** (−2.16)	−4.2494 *** (−3.30)	−5.7486 *** (−4.90)
Ind	Yes	Yes	Yes
Year	Yes	Yes	Yes
$Adj-R^2$	0.2684	0.1880	0.2369
F	47.6679	31.6703	41.0384
N	1095	1095	1095

注：*p<0.10，**p<0.05，***p<0.01，括号内为 t 值。回归中按照基金会代码进行了 *cluster* 处理，并利用 *robust* 选项控制了异方差问题。

表 8.10 报告了改变微博自媒体披露测量方式后，微博自媒体披露、评估等级与组织绩效关系的稳健性检验结果。列（1）至列（3）的被解释变量依次为 LnPerf_1、LnPerf_2 和 LnPerf_3，列（1）至列（2）中变量微博自媒体披露（*Microblog*）的回归系数均显著为正（p<0.01），检验结果支持本章研究假说 H3 的预期。列（1）至列（2）中微博自媒体披露（*Microblog*）与评估等级（*Level*）的交互项 *Microblog × Level* 的回归系数分别为 −0.2700 和 −5474，均在 1% 的显著水平上负相关，回归结果依旧支持本章研究假说 H4 的预期。列（3）中交互项 *Microblog × Level* 的回归系数为 −0.0257（t=−0.18），未通过显著性检验，意味着评估等级对机构捐赠者的决策影响有限。类似前文做法，

为了更加形象地说明评估等级对微博自媒体披露与组织绩效关系的调节作用，根据表8.10中列（1）回归结果绘制了图8.5，从图8.5可以清晰看出，评估等级显著削弱了微博自媒体披露与组织绩效之间的正相关关系。

表8.10　　　微博自媒体披露、评估等级与组织绩效关系的稳健性检验结果

变量	(1)	(2)	(3)
	LnPerf_1	LnPerf_2	LnPerf_3
Microblog	0.3081 *** (4.30)	0.7704 *** (6.89)	0.1257 (0.98)
Level	2.2735 *** (7.75)	5.0932 *** (9.42)	2.5875 *** (5.62)
Microblog × Level	− 0.2700 *** (−3.59)	− 0.5474 *** (−3.93)	− 0.0257 (−0.18)
Size	0.7252 *** (10.28)	0.2764 *** (3.85)	0.7771 *** (11.46)
Gov	− 0.1572 (−0.49)	0.5719 (1.29)	− 0.2196 (−0.55)
Adm	− 0.2507 *** (−9.69)	− 0.0769 * (−1.69)	− 0.4311 *** (−8.41)
Big100	0.2275 (0.76)	0.7975 ** (2.00)	0.6723 * (1.81)
Dual	− 1.0614 * (−1.83)	− 0.7755 (−1.12)	− 1.8450 *** (−2.71)
PC	0.3350 (1.02)	0.6475 (1.49)	0.1465 (0.36)
Accsum	0.8994 *** (4.50)	0.6058 ** (2.00)	1.1086 *** (4.43)
Saccsum	− 0.3885 (−0.49)	− 1.1568 (−1.21)	− 0.6965 (−0.72)
Branum	0.1627 ** (2.46)	0.2840 ** (2.51)	0.2087 * (1.91)
Spefund	0.0188 (1.08)	0.1119 *** (5.65)	0.0158 (0.74)

续表

变量	（1） LnPerf_1	（2） LnPerf_2	（3） LnPerf_3
Off	2.0707 *** （5.09）	0.7803 * （1.68）	2.1501 *** （4.44）
Age	−0.5670 *** （−2.74）	−0.1205 （−0.54）	−0.4069 * （−1.79）
Area	−0.1304 （−0.26）	−0.3344 （−0.52）	−0.3356 （−0.55）
Constant	−0.6783 （−0.59）	−0.3966 （−0.31）	−3.5473 *** （−3.14）
Ind	Yes	Yes	Yes
Year	Yes	Yes	Yes
$Adj - R^2$	0.2859	0.2425	0.2535
F	58.8534	39.8304	51.3194
N	1095	1095	1095

注：$* p < 0.10$，$** p < 0.05$，$*** p < 0.01$，括号内为 t 值。回归中按照基金会代码进行了 $cluster$ 处理，并利用 $robust$ 选项控制了异方差问题。

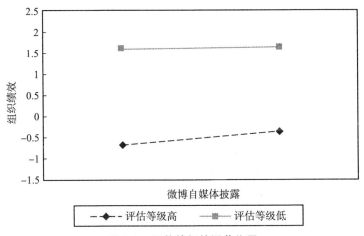

图 8.5　评估等级的调节作用

8.5.2　控制样本选择偏误的检验

8.5.2.1　控制信息披露质量样本选择偏误

尽管前文的分析能够为信息披露质量影响组织绩效提供强有力的经验证据，但是，为了确保结论稳健可靠，须考虑信息披露质量对组织绩效的影响可能受到样本自选择问题的干扰，即是否因基金会绩效好而选择多种信息披露方式使得信息披露质量高，由此导致信息披露质量与组织绩效之间呈正相关关系呢？为了缓解这一问题的影响，与前面章节方法类似，本章采用Heckman 两阶段回归法控制样本选择偏误（Heckman，1979），首先构建一个信息披露质量的选择模型（8.3），关键解释变量为基金会秘书长是否专职（*Secftime*）和理事会规模（LnPrenum）两个外生变量；其次，根据选择模型（8.3）计算出逆米尔斯比率（inverse Mills ratio，IMR），再将计算出的逆米尔斯比率（*IMR*）代入到计量模型（8.4）进行第二阶段的回归。赫克曼第一阶段选择模型为：

$$
\begin{aligned}
Probit(Acc) = {} & \alpha + \beta_1 \times Secftime + \beta_2 \times LnPrenum + \beta_3 \times Size + \beta_4 \times Gov \\
& + \beta_5 \times Adm + \beta_6 \times Big100 + \beta_7 \times Dual + \beta_8 \times PC \\
& + \beta_9 \times Accsum + \beta_{10} \times Saccsum + \beta_{11} \times Branum \\
& + \beta_{12} \times Spefund + \beta_{13} \times Off + \beta_{14} \times Age \\
& + \beta_{15} \times Area + \sum Ind + \sum Year + \varepsilon
\end{aligned} \tag{8.3}
$$

赫克曼第二阶段回归模型为：

$$
\begin{aligned}
LnPerf = {} & \alpha + \beta_1 \times Acc + \beta_2 \times Acc \times Level + \beta_3 \times Level + \beta_4 \times Size \\
& + \beta_5 \times Gov + \beta_6 \times Adm + \beta_7 \times Big100 + \beta_8 \times Dual \\
& + \beta_9 \times PC + \beta_{10} \times Accsum + \beta_{11} \times Saccsum \\
& + \beta_{12} \times Branum + \beta_{13} \times Spefund + \beta_{14} \times Off \\
& + \beta_{15} \times Age + \beta_{16} \times Area + \beta_{17} \times IMR \\
& + \sum Ind + \sum Year + \varepsilon
\end{aligned} \tag{8.4}
$$

其中，模型（8.3）中关键解释变量为秘书长是否专职（用 *Secftime* 表示，当秘书长为专职时，*Secftime* 赋值为 1，否则 *Secftime* 赋值为 0）和理事会规模

（用 LnPrenum 表示，具体以基金会理事会规模人数的自然对数来衡量），其余各变量的定义与模型（8.1）相同。

本章之所以选择秘书长是否专职（Secftime）和理事会规模（LnPrenum）两个外生变量，这是因为：第一，如果基金会设有专职秘书长，那么秘书长在基金会日常运营将投入更多的精力，并且基金会运营的好坏关乎着他（或她）的声誉、职业发展等方方面面，因此，基金会秘书长有动机通过多种渠道向社会公众展示基金会公开、透明、诚信、自律的形象，从而会加强基金会内部治理，进而提高信息披露质量。第二，理事会规模越大有利于保证决策公平，进而提高组织绩效（颜克高和薛钱伟，2013；张立民和李晗，2013；Callen et al.，2003；刘丽珑，2015）。同时，基金会为了获得更多开展公共服务配送职能的资金，利用理事会声誉及个人资本是有效方式之一。此外，基金会信息披露质量是基金会对外展示的窗口之一，为了获取更多的社会关注和认同，理事会人数越多，通过声誉约束，基金会将会选择多种信息披露方式，表征出信息披露质量越高，基金会的绩效将会越好。

表 8.11 报告了控制信息披露质量样本选择偏误的检验结果。列（1）是第一阶段的估计结果，在控制其他因素的影响后，秘书长是否专职（Secftime）的系数为 0.3547（$t = 3.23$），且在 1% 的水平上显著为正，理事会规模（LnPrenum）的系数为 0.2992（$t = 2.28$），且在 5% 的水平上显著为负，意味着专职秘书长、理事会规模越大的基金会，信息披露质量也会随之提高。

表 8.11　　　　　信息披露质量与组织绩效关系检验：控制样本选择偏误

变量	(1)	(2)	(3)	(4)
	Acc	LnPerf_1	LnPerf_2	LnPerf_3
Acc		0.9225 *** (3.15)	1.3686 *** (2.76)	1.3266 *** (3.39)
Size	0.2601 *** (6.53)	0.4446 *** (3.87)	− 0.0244 (− 0.15)	0.8008 *** (5.39)
Gov	− 0.4953 *** (− 4.20)	0.9065 ** (2.06)	1.8663 *** (2.97)	− 0.0292 (− 0.05)
Adm	0.0194 (1.22)	− 0.2666 *** (− 9.35)	− 0.1159 ** (− 2.34)	− 0.4601 *** (− 8.58)

续表

变量	（1） Acc	（2） LnPerf_1	（3） LnPerf_2	（4） LnPerf_3
Big100	0.3806 *** (3.91)	−0.4526 (−1.27)	−0.1276 (−0.26)	0.3786 (0.86)
Dual	−0.3704 * (−1.95)	−0.3018 (−0.48)	0.2366 (0.30)	−1.5957 ** (−2.11)
PC	0.0446 (0.40)	0.3960 (1.22)	0.8757 * (1.91)	0.2747 (0.68)
Accsum	−0.0079 (−0.10)	1.1551 *** (5.63)	1.1566 *** (3.65)	1.3353 *** (5.34)
Saccsum	−0.0109 (−0.05)	−0.8285 (−1.02)	−1.7235 * (−1.74)	−0.7912 (−0.81)
Branum	0.0409 (1.09)	0.1182 * (1.74)	0.2876 ** (2.34)	0.2236 ** (1.97)
Spefund	0.0153 ** (2.37)	−0.0009 (−0.05)	0.0957 *** (4.45)	0.0108 (0.48)
Off	−0.0425 (−0.34)	2.5329 *** (5.88)	1.3894 *** (2.62)	2.2559 *** (4.35)
Age	0.0958 (1.59)	−0.7370 *** (−3.38)	−0.2634 (−1.07)	−0.3576 (−1.45)
Area	−0.2797 * (−1.84)	0.2814 (0.55)	0.4398 (0.69)	0.0056 (0.01)
Secftime	0.3547 *** (3.23)			
LnPrenum	0.2992 ** (2.28)			
IMR		−2.1584 *** (−3.78)	−2.9774 *** (−3.22)	−0.3252 (−0.41)
Constant	−6.3706 *** (−9.16)	7.8816 *** (2.76)	9.6041 ** (2.09)	−3.9812 (−1.01)
Ind	Yes	Yes	Yes	Yes
Year	Yes	Yes	Yes	Yes

续表

变量	(1)	(2)	(3)	(4)
	Acc	$LnPerf\_1$	$LnPerf\_2$	$LnPerf\_3$
$Pseudo\ R^2$	0.1677			
Chi^2	158.3421			
$Adj-R^2$		0.2720	0.1661	0.2385
F		40.7518	26.5330	38.0313
N	1095	1095	1095	1095

注：$*p<0.10$，$**p<0.05$，$***p<0.01$，括号内为 t 值。回归中按照基金会代码进行了 cluster 处理，并利用 robust 选项控制了异方差问题。

　　表 8.11 中列（2）至列（4）是第二阶段的估计结果，从中可以看出，列（1）至列（2）中逆米尔斯比率（IMR）的系数显著为负，列（3）中逆米尔斯比率（IMR）的系数在统计意义上不显著，说明回归结果会受到样本选择偏误的影响，但在列（2）至列（4）中信息披露质量（Acc）的系数依然显著为正（$p<0.01$），这表明样本选择偏误问题对本章研究假说 H1 影响十分有限，进一步验证了本章的研究假说 H1。

　　表 8.12 报告了控制信息披露质量样本选择偏误后，信息披露质量、评估等级与组织绩效关系的检验结果。列（1）至列（3）的被解释变量依次为 LnPerf_1、LnPerf_2 和 LnPerf_3，列（1）至列（2）中逆米尔斯比率（IMR）的系数显著为负，列（3）中逆米尔斯比率（IMR）的系数在统计意义上不显著，说明回归结果会受到样本选择偏误的影响。但是，列（1）至列（3）中信息披露质量（Acc）与评估等级（$Level$）的交互项 $Acc \times Level$ 的回归系数分别为 -1.8104（$t=-3.69$）、-3.1047（$t=-3.59$）和 -1.3738（$t=-1.90$），依次在 1%、1% 和 10% 的显著水平上负相关，回归结果仍然很好地支持本章研究假说 H2 的预期。以上检验结果与前文基本一致，表明样本选择偏误问题对本书结论影响十分有限。类似前文做法，为了更加形象地说明评估等级对信息披露质量与组织绩效关系的调节作用，根据表 8.12 中列（1）回归结果绘制了图 8.6，从图 8.6 可以清晰看出，评估等级显著削弱了信息披露质量与组织绩效之间的正相关关系。

表 8.12　　信息披露质量、评估等级与组织绩效关系检验：控制样本选择偏误

变量	(1)	(2)	(3)
	LnPerf_1	LnPerf_2	LnPerf_3
Acc	1.1656 *** (3.06)	1.5875 *** (2.63)	1.3750 *** (2.64)
Level	2.6318 *** (8.73)	5.9102 *** (10.61)	2.9571 *** (5.92)
Acc × Level	−1.8104 *** (−3.69)	−3.1047 *** (−3.33)	−1.3738 * (−1.90)
Size	0.3598 *** (3.10)	−0.2206 (−1.34)	0.7026 *** (4.80)
Gov	0.9852 ** (2.28)	2.0288 *** (3.36)	0.0488 (0.09)
Adm	−0.2470 *** (−8.72)	−0.0679 (−1.44)	−0.4355 *** (−8.15)
Big100	−0.3642 (−1.03)	0.1020 (0.21)	0.4996 (1.13)
Dual	−0.3356 (−0.55)	0.1221 (0.16)	−1.6618 ** (−2.23)
PC	0.2432 (0.75)	0.5155 (1.18)	0.0919 (0.23)
Accsum	0.9979 *** (4.87)	0.7572 ** (2.47)	1.1265 *** (4.45)
Saccsum	−0.7880 (−0.98)	−1.6365 * (−1.70)	−0.7484 (−0.77)
Branum	0.0957 (1.44)	0.2311 * (1.90)	0.1943 * (1.76)
Spefund	0.0018 (0.09)	0.0981 *** (4.44)	0.0115 (0.50)
Off	2.4782 *** (5.81)	1.2619 ** (2.46)	2.1920 *** (4.28)

续表

变量	(1)	(2)	(3)
	LnPerf_1	LnPerf_2	LnPerf_3
Age	-0.8225 *** (-3.78)	-0.4660 * (-1.92)	-0.4619 * (-1.87)
Area	0.0706 (0.14)	-0.0748 (-0.12)	-0.2594 (-0.42)
IMR	-2.1982 *** (-3.89)	-3.0595 *** (-3.38)	-0.3599 (-0.46)
Constant	9.7679 *** (3.40)	14.0906 *** (3.10)	-1.7139 (-0.44)
Ind	Yes	Yes	Yes
Year	Yes	Yes	Yes
$Adj - R^2$	0.2921	0.2318	0.2563
F	50.6017	35.0304	48.3029
N	1095	1095	1095

注：* $p < 0.10$，** $p < 0.05$，*** $p < 0.01$，括号内为 t 值。回归中按照基金会代码进行了 cluster 处理，并利用 robust 选项控制了异方差问题。

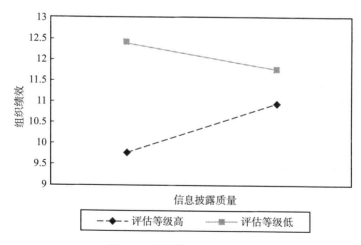

图 8.6 评估等级的调节作用

8.5.2.2　控制微博自媒体披露样本选择偏误

尽管前文的分析能够为微博自媒体披露影响组织绩效提供强有力的经验证据，但是，为了确保结论稳健可靠，须考虑微博自媒体披露对组织绩效的影响可能受到样本自选择问题的干扰，即是否因基金会绩效好而选择开通微博自媒体披露，由此导致微博自媒体披露与组织绩效之间呈正相关关系呢？为了缓解这一问题的影响，与第6章方法类似，本章采用赫克曼两阶段回归法控制样本选择偏误（Heckman，1979），首先，构建一个微博自媒体披露的选择模型（8.5），关键解释变量为基金会秘书长是否专职（Secftime）和是否与上市公司关联（Connection）两个外生变量；其次，根据选择模型（8.5）计算出逆米尔斯比率（Inverse mills ratio，IMR），再将计算出的逆米尔斯比率（IMR）代入到计量模型（8.6）进行第二阶段的回归。赫克曼第一阶段选择模型为：

$$
\begin{aligned}
Probit(Microblog) =\ & \alpha + \beta_1 \times Secftime + \beta_2 \times Connection + \beta_3 \times Size \\
& + \beta_4 \times Gov + \beta_5 \times Adm + \beta_6 \times Big100 + \beta_7 \times Dual \\
& + \beta_8 \times PC + \beta_9 \times Accsum + \beta_{10} \times Saccsum \\
& + \beta_{11} \times Branum + \beta_{12} \times Spefund + \beta_{13} \times Off \\
& + \beta_{14} \times Age + \beta_{15} \times Area + \sum Ind + \sum Year + \varepsilon
\end{aligned}
$$

$$(8.5)$$

赫克曼第二阶段回归模型为：

$$
\begin{aligned}
LnPerf =\ & \alpha + \beta_1 \times Microblog + \beta_2 \times Microblog \times Level + \beta_3 \times Level \\
& + \beta_4 \times Size + \beta_5 \times Gov + \beta_6 \times Adm + \beta_7 \times Big100 \\
& + \beta_8 \times Dual + \beta_9 \times PC + \beta_{10} \times Accsum + \beta_{11} \times Saccsum \\
& + \beta_{12} \times Branum + \beta_{13} \times Spefund + \beta_{14} \times Off + \beta_{15} \times Age \\
& + \beta_{16} \times Area + \beta_{17} \times IMR + \sum Ind + \sum Year + \varepsilon
\end{aligned}
$$

$$(8.6)$$

其中，模型（8.5）中关键解释变量为秘书长是否专职（用 Secftime 表示，当秘书长为专职时，Secftime 赋值为1，否则 Secftime 赋值为0）和是否与上市公司关联（用 Connection 表示，当基金会与上市公司有关联时[①]，*Connection* 赋值为 1，否则 *Connection* 赋值为 0），其余各变量的定义与模型（8.2）相同。

本章之所以选择秘书长是否专职（*Secftime*）和是否与上市公司关联（*Connection*）两个外生变量，这是因为：第一，如果基金会设有专职秘书长，那么秘书长在基金会日常运营将投入更多的精力，并且基金会运营的好坏关乎着他（或她）的声誉、职业发展等方方面面，因此，基金会秘书长有动机通过新媒体（官方微博）向社会公众展示基金会公开、透明、诚信、自律的形象，从而会加强基金会内部治理，进而提高信息披露质量。第二，与非上市公司相比，上市公司受到投资者、监管者、媒体等利益相关者更多地监督，其治理水平、信息披露质量相对较高。一方面，与上市公司有关联的基金会，这些基金会通常是由上市公司作为发起人成立，其内部治理、信息披露等方面自然会非上市公司为主体发起成立的基金会存在较大差异；另一方面，由上市公司发起成立的基金会，善款大部分由上市公司提供，缺乏外部筹集资源的动力，由此可能会削弱选择多种媒体发布基金会信息的意愿，因而与上市公司是否有关联也是决定选择微博自媒体披露的关键因素之一。

表 8.13 报告了控制微博自媒体披露样本选择偏误的检验结果。列（1）是第一阶段的估计结果，在控制其他因素的影响后，秘书长是否专职（*Secftime*）的系数为 0.6059（$t = 4.96$），且在 1% 的水平上显著为正，是否与上市公司关联（*Connection*）的系数为 -0.3583（$t = -1.71$），且在 10% 的水平上显著为负，意味着专职秘书长、与上市公司没有关联的基金会，选择微博自媒体披露的可能性越大。

---

① 在 1095 个样本中，有 85 个样本与上市公司有关联，占比 7.76%。如，万科公益基金会，关联上市公司为万科 A，股票代码为 000002；宝钢教育基金会，关联上市公司为宝钢股份，股票代码为 600019；比亚迪慈善基金会，关联上市公司为比亚迪，股票代码为 002594；紫金矿业慈善基金会，关联上市公司为紫金矿业，股票代码为 601899；中兴通讯公益基金会，关联上市公司为中兴通讯，股票代码为 000063；中国移动慈善基金会，关联上市公司为中国移动，股票代码为 00941；神华公益基金会，关联上市公司为中国神华，股票代码为 601088；中国人寿慈善基金会，关联上市公司为中国人寿，股票代码为 601628；南航"十分"关爱基金会，关联上市为南方航空，股票代码为 600029；阿里巴巴公益基金会，关联上市为阿里巴巴，股票代码为 BABA；等等。

表 8.13　　微博自媒体披露与组织绩效关系检验：控制样本选择偏误

变量	(1) Microblog	(2) LnPerf_1	(3) LnPerf_2	(4) LnPerf_3
Microblog		1.4221 *** (4.15)	4.1231 *** (7.03)	1.1478 ** (2.06)
Size	0.1802 *** (3.70)	0.4770 *** (4.14)	0.0752 (0.45)	0.8248 *** (5.53)
Gov	−0.5078 *** (−3.33)	0.8134 * (1.84)	1.6626 *** (2.61)	−0.1339 (−0.25)
Adm	−0.0031 (−0.13)	−0.2635 *** (−9.58)	−0.1134 ** (−2.33)	−0.4549 *** (−8.80)
Big100	0.2867 ** (2.50)	−0.3830 (−1.08)	0.0029 (0.01)	0.4664 (1.06)
Dual	−0.4235 * (−1.73)	−0.3524 (−0.57)	0.1277 (0.16)	−1.6536 ** (−2.19)
PC	−0.0065 (−0.05)	0.4343 (1.33)	0.9290 ** (2.06)	0.3315 (0.82)
Accsum	0.0111 (0.12)	1.1651 *** (5.59)	1.1286 *** (3.59)	1.3687 *** (5.41)
Saccsum	0.1795 (0.71)	−0.8292 (−1.02)	−1.7245 * (−1.78)	−0.7921 (−0.81)
Branum	0.0568 (1.24)	0.1262 * (1.80)	0.3023 ** (2.39)	0.2338 ** (2.05)
Spefund	0.0061 (0.93)	0.0031 (0.17)	0.0985 *** (4.59)	0.0180 (0.79)
Off	−0.2629 * (−1.74)	2.5460 *** (5.93)	1.3882 *** (2.69)	2.2839 *** (4.40)
Age	0.0558 (0.79)	−0.7127 *** (−3.26)	−0.2077 (−0.84)	−0.3316 (−1.34)
Area	−0.2089 (−1.14)	0.2433 (0.48)	0.3450 (0.55)	−0.0320 (−0.05)

续表

变量	(1)	(2)	(3)	(4)
	Microblog	LnPerf_1	LnPerf_2	LnPerf_3
Secftime	0. 6059 *** (4. 96)			
Connection	− 0. 3583 * (− 1. 71)			
IMR		− 1. 9937 *** (− 3. 41)	− 2. 2956 ** (− 2. 48)	− 0. 2824 (− 0. 35)
Constant	− 4. 5112 *** (− 5. 53)	6. 9654 ** (2. 40)	6. 4066 (1. 39)	− 4. 4839 (− 1. 13)
Ind	Yes	Yes	Yes	Yes
Year	Yes	Yes	Yes	Yes
Pseudo R^2	0. 1491			
Chi^2	88. 0149			
Adj − R^2		0. 2734	0. 1888	0. 2353
F		43. 3731	28. 5157	37. 7109
N	1095	1095	1095	1095

注: $*p < 0.10$，$**p < 0.05$，$***p < 0.01$，括号内为 t 值。回归中按照基金会代码进行了 *cluster* 处理，并利用 *robust* 选项控制了异方差问题。

表 8.13 中列（2）至列（4）是第二阶段的估计结果，从中可以看出，列（1）至列（2）中逆米尔斯比率（*IMR*）的系数显著为负，列（3）中逆米尔斯比率（*IMR*）的系数在统计意义上不显著，说明回归结果会受到样本选择偏误的影响，但在列（2）至列（4）中微博自媒体披露（*Microblog*）的系数依然显著为正，这表明样本选择偏误问题对本章研究假说 H2 影响十分有限，进一步验证了本章的研究假说 H3。

表 8.14 报告了控制微博自媒体披露样本选择偏误后，微博自媒体披露、评估等级与组织绩效关系的检验结果。列（1）至列（3）的被解释变量依次为 LnPerf_1、LnPerf_2 和 LnPerf_3，列（1）至列（2）中逆米尔斯比率（*IMR*）的系数显著为负，列（3）中逆米尔斯比率（*IMR*）的系数在统计意义

上不显著，说明回归结果会受到样本选择偏误的影响。但是，列（1）至列（2）中微博自媒体披露（*Microblog*）与评估等级（*Level*）的交互项 *Microblog* × *Level* 的回归系数分别为 −1.8781（$t = -3.59$）和 −3.4740（$t = -3.59$），均在1% 的显著水平上负相关，回归结果仍然支持本章研究假说 H4 的预期。列（3）中交互项 *Microblog* × *Level* 的回归系数为 −0.2300（$t = -0.23$），未通过显著性检验，意味着评估等级对机构捐赠者的决策影响有限。以上检验结果与前文基本一致，表明样本选择偏误问题对本书结论影响十分有限。类似前文做法，为了更加形象地说明评估等级对微博自媒体披露与组织绩效关系的调节作用，根据表 8.14 中列（1）回归结果绘制了图 8.7，从图 8.7 可以清晰看出，评估等级显著削弱了微博自媒体披露与组织绩效之间的正相关关系。

表 8.14　　微博自媒体披露、评估等级与组织绩效关系检验：控制样本选择偏误

变量	(1) LnPerf_1	(2) LnPerf_2	(3) LnPerf_3
Microblog	1.7187 *** (3.74)	4.4948 *** (5.76)	0.7058 (0.85)
Level	2.3442 *** (7.81)	5.2017 *** (9.44)	2.6377 *** (5.68)
Microblog × *Level*	−1.8781 *** (−3.59)	−3.4740 *** (−3.23)	−0.2300 (−0.23)
Size	0.3807 *** (3.25)	−0.1389 (−0.85)	0.7190 *** (4.84)
Gov	0.8986 ** (2.07)	1.8496 *** (3.03)	−0.0463 (−0.09)
Adm	−0.2432 *** (−8.86)	−0.0673 (−1.44)	−0.4296 *** (−8.38)
*Big*100	−0.3432 (−0.97)	0.1157 (0.24)	0.5789 (1.29)
Dual	−0.4129 (−0.68)	−0.0120 (−0.02)	−1.7424 ** (−2.35)

续表

变量	（1）	（2）	（3）
	LnPerf_1	LnPerf_2	LnPerf_3
PC	0.2730 （0.84）	0.5642 （1.29）	0.1342 （0.33）
Accsum	0.9661*** （4.71）	0.6787** （2.25）	1.1207*** （4.41）
Saccsum	−0.7691 （−0.95）	−1.6025* （−1.69）	−0.7551 （−0.77）
Branum	0.0684 （0.99）	0.1833 （1.53）	0.1939* （1.69）
Spefund	−0.0029 （−0.16）	0.0855*** （3.96）	0.0124 （0.55）
Off	2.5159*** （5.91）	1.3094*** （2.61）	2.2203*** （4.30）
Age	−0.8033*** （−3.68）	−0.4127* （−1.70）	−0.4476* （−1.81）
Area	0.0444 （0.09）	−0.1132 （−0.18）	−0.3006 （−0.48）
IMR	−2.1240*** （−3.66）	−2.5671*** （−2.83）	−0.3613 （−0.45）
Constant	9.3765*** （3.19）	11.7653*** （2.59）	−1.8429 （−0.46）
Ind	Yes	Yes	Yes
Year	Yes	Yes	Yes
$Adj-R^2$	0.2918	0.2454	0.2526
F	52.4037	36.9385	47.0979
N	1095	1095	1095

注：$*p<0.10$，$**p<0.05$，$***p<0.01$，括号内为 t 值。回归中按照基金会代码进行了 *cluster* 处理，并利用 *robust* 选项控制了异方差问题。

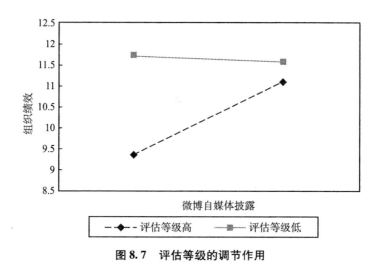

图 8.7　评估等级的调节作用

8.6　进一步检验与分析

8.6.1　社会资本与组织绩效

布尔迪厄（Bourdieu，1986）提出了社会资本概念，将其定义为："社会成员和社会团队因占有不同的位置而获得不同的实际或潜在的资源集合体"。随后，伯特（Burt，1992）和皮特曼（Pitnam，1995）分别从个人和组织层面对社会资本内涵进行了补充界定，前者认为社会资本是通过朋友、同事等链接形成的关系网可以帮助个体获取财务资本和人力资本的机会，后者认为社会资本是指组织具有关系、成员间的信念和相互信任等特征，从而促进成员间互惠与合作。事实上，社会资本是由于个人网络或社会网络所产生的有形和无形资源的总和（祁继鹏和何晓明，2015）。

已有文献表明，社会资本水平高、人际关系网络紧密能够降低信息不对称程度，能够为企业融资提供直接或间接的担保，有助于缓解企业融资约束（Petersen & Rajan，1994；Du et al.，2015；戴亦一等，2009；肖作平和张樱，2014；张樱，2017）。对非营利组织而言，社会资本对其筹资（组织绩效）的影响尤为重要。卡连等（Callen et al.，2003）研究发现，基金会的绩效与理事会规模正相关；张立民和李晗（2013）、刘丽珑（2015）等学者基于中国基金会样本为研究对象，也发现了类似的结果。本章预期，社会资本能够提高基金会组织绩效（筹资效率）。由于社会资本难以直接度量，本章采用理事会规模来作为社会资本的代理变量。

表 8.15 报告了社会资本与基金会绩效关系的检验结果。列（1）至列（3）的被解释变量依次为 LnPerf_1、LnPerf_2 和 LnPerf_3。列（1）的估计结果显示，在控制其他因素的影响后，变量社会资本（Social）的回归系数为 1.9408（$t = 4.70$），在 1% 的显著水平上正相关；列（2）的估计结果显示，变量社会资本（Social）的回归系数为 2.6386（$t = 5.27$），也在 1% 的显著水平上正相关；列（3）的估计结果显示，变量社会资本（Social）的回归系数为 2.1178（$t - 4.32$），依然在 1% 的显著水平上正相关。以上检验结果表明，基金会理事会成员形成的关系网络有助于增加基金会捐赠收入。

表 8.15　　　　　　　　　社会资本与组织绩效关系的检验结果

变量	(1)	(2)	(3)
	LnPerf_1	LnPerf_2	LnPerf_3
Social	1.9408 ***	2.6386 ***	2.1178 ***
	(4.70)	(5.27)	(4.32)
Size	0.7951 ***	0.4619 ***	0.8589 ***
	(11.87)	(6.32)	(12.13)
Gov	−0.3497	0.1250	−0.4150
	(−1.09)	(0.28)	(−1.04)
Adm	−0.2718 ***	−0.1227 ***	−0.4580 ***
	(−9.32)	(−2.59)	(−8.20)
Big100	0.1517	0.7152 *	0.5118
	(0.52)	(1.75)	(1.40)
Dual	−0.6925	−0.3172	−1.3957 **
	(−1.21)	(−0.45)	(−2.01)
PC	−0.0028	0.3410	−0.1978
	(−0.01)	(0.73)	(−0.49)

续表

变量	(1)	(2)	(3)
	LnPerf_1	LnPerf_2	LnPerf_3
Accsum	0.9938 ***	0.9399 ***	1.2448 ***
	(5.03)	(2.98)	(5.11)
Saccsum	-0.5208	-1.2951	-0.8401
	(-0.65)	(-1.28)	(-0.88)
Branum	0.1674 **	0.3579 ***	0.1831 *
	(2.58)	(3.03)	(1.65)
Spefund	0.0238	0.1307 ***	0.0193
	(1.38)	(6.57)	(0.92)
Off	1.8309 ***	0.4284	1.9253 ***
	(4.57)	(0.89)	(4.00)
Age	-0.6757 ***	-0.1744	-0.5054 **
	(-3.20)	(-0.76)	(-2.19)
Area	-0.0226	0.0212	-0.1679
	(-0.04)	(0.03)	(-0.27)
Constant	-6.1123 ***	-9.6626 ***	-9.7594 ***
	(-4.69)	(-6.16)	(-7.00)
Ind	Yes	Yes	Yes
Year	Yes	Yes	Yes
$Adj - R^2$	0.2799	0.1736	0.2489
F	43.9554	27.4500	43.0699
N	1095	1095	1095

注：$*p < 0.10$，$**p < 0.05$，$***p < 0.01$，括号内为 t 值。回归中按照基金会代码进行了 *cluster* 处理，并利用 *robust* 选项控制了异方差问题。

从控制变量来看，组织规模越大、财会人员规模越大、分支机构数量越多的基金会获取的捐赠收入越多，这与陈丽红等（2014）的发现趋于一致，意味着基金会规模是影响其捐赠收入的重要因素，表征出基金会规模越大，捐赠者对其认同度也随之增加，捐赠收入获取能力也越强。同时发现，管理效率（是一个反向指标）的系数显著为负，意味着管理水平越高，能够提高捐赠者对基金会的认同度，从而获取更多的捐赠收入。

8.6.2　信息披露、社会资本与组织绩效

前文研究结果表明，信息披露（信息披露质量和微博自媒体披露）与组织绩效显著正相关。进一步地，考察社会资本对信息披露与组织绩效之间关系的影响。表 8.16 报告了社会资本对信息披露与组织绩效关系调节机制检验结果。列（1）至列（3）被解释变量为组织绩效（$LnPerf\_1$），各列中变量社会资本（$Social$）的回归系数均显著为正（$p < 0.01$），再次验证社会资本能够显著提高组织绩效。

表 8.16　　信息披露与组织绩效关系检验：社会资本的调节作用

变量	（1）	（2）	（3）
$Social$	2.1285 *** (4.86)	1.9632 *** (4.65)	2.1076 *** (4.77)
Acc	5.5965 ** (2.18)		4.6823 * (1.79)
$Social \times Acc$	− 1.7245 * (− 1.92)		− 1.4502 (− 1.58)
$Microblog$		7.2156 *** (3.93)	5.6912 *** (2.70)
$Social \times Microblog$		− 2.0832 *** (− 3.38)	− 1.5885 ** (− 2.24)
$Size$	0.7745 *** (11.44)	0.7772 *** (11.47)	0.7628 *** (11.18)
Gov	− 0.2714 (− 0.84)	− 0.2706 (− 0.84)	− 0.2119 (− 0.65)
Adm	− 0.2753 *** (− 9.85)	− 0.2771 *** (− 10.21)	− 0.2787 *** (− 10.17)
$Big100$	0.0585 (0.20)	0.0794 (0.27)	0.0122 (0.04)

续表

变量	(1)	(2)	(3)
Dual	− 0.5804 (− 1.02)	− 0.6060 (− 1.06)	− 0.5257 (− 0.93)
PC	− 0.0138 (− 0.04)	0.0267 (0.08)	0.0123 (0.04)
Accsum	0.9920 *** (5.02)	0.9851 *** (4.99)	0.9845 *** (4.97)
Saccsum	− 0.5199 (− 0.65)	− 0.5902 (− 0.74)	− 0.5796 (− 0.73)
Branum	0.1743 *** (2.69)	0.1666 ** (2.56)	0.1715 *** (2.62)
Spefund	0.0203 (1.16)	0.0201 (1.17)	0.0175 (1.00)
Off	1.8594 *** (4.64)	1.9121 *** (4.76)	1.9245 *** (4.79)
Age	− 0.6843 *** (− 3.25)	− 0.6788 *** (− 3.24)	− 0.6864 *** (− 3.28)
Area	0.0579 (0.11)	0.0777 (0.15)	0.1211 (0.24)
Constant	− 6.4621 *** (− 4.64)	− 6.1274 *** (− 4.61)	− 6.3896 *** (− 4.55)
Ind	Yes	Yes	Yes
Year	Yes	Yes	Yes
$Adj - R^2$	0.2851	0.2866	0.2896
F	41.7387	45.5185	41.4342
N	1095	1095	1095

注：* $p < 0.10$，** $p < 0.05$，*** $p < 0.01$，括号内为 t 值。回归中按照基金会代码进行了 *cluster* 处理，并利用 *robust* 选项控制了异方差问题。

表 8.16 列（1）的估计结果显示，在控制其他因素的影响后，变量信息披露质量（*Acc*）的回归系数为 5.5965（ $t = 2.18$ ），在 5% 的显著水平上正相

关，本章研究假说 H1 再次得到验证；信息披露质量（*Acc*）与社会资本（*Social*）的交互项 *Acc* × *Social* 的回归系数为 −1.7245（*t* = −1.92），且在 10% 的水平上显著为负，意味着相比社会资本水平高的基金会，在社会资本水平低的基金会中，信息披露质量对组织绩效的提升作用更为明显。类似前文做法，为了更加形象地说明社会资本对信息披露质量与组织绩效关系的调节作用，根据列（1）回归结果绘制了图 8.8，从图 8.8 直线斜率可以清晰看出，信息披露质量与组织绩效显著正相关，这一现象在社会资本水平低的基金会更加明显。

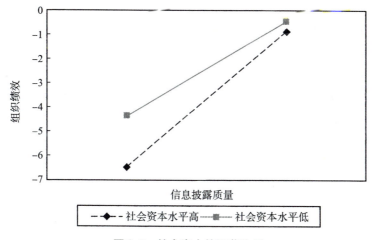

图 8.8　社会资本的调节作用

表 8.16 列（2）的估计结果显示，在控制其他因素的影响后，变量微博自媒体披露（*Microblog*）的回归系数为 7.2156（*t* = 3.93），在 1% 的显著水平上正相关，本章研究假说 H3 再次得到验证；微博自媒体披露（*Microblog*）与社会资本（*Social*）的交互项 *Microblog* × *Social* 的回归系数为 −2.0832（*t* = −3.38），且在 1% 的水平上显著为负，意味着相比社会资本水平高的基金会，在社会资本水平低的基金会中，微博自媒体披露对组织绩效的提升作用更为明显。列（3）为全模型。类似前文做法，为了更加形象地说明社会资本对微博自媒体披露与组织绩效关系的调节作用，根据列（2）回归结果绘制了图 8.9，从图 8.9 斜率可以清晰看出，微博自媒体披露与组织绩效显著

正相关，这一现象在社会资本水平低的基金会更加明显。

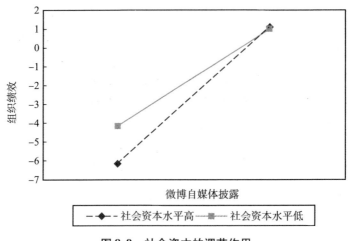

图 8.9　社会资本的调节作用

8.7　结论及启示

本章整合组织合法性理论和信号理论，以 2005～2013 年中国社会组织网所披露的基金会为研究样本，系统考察了非营利组织信息披露的经济后果，即信息披露对组织绩效的影响及其作用机制。本章研究结果表明：

首先，高质量的信息披露不仅有助于利益相关者掌握组织运营状况与财务信息，减少信息搜集成本，提高决策效率，而且可以减少捐赠者和非营利组织管理层之间的信息不对称和代理成本，增强捐赠者对非营利组织的认同，从而获得更多的捐赠收入。具体表现为信息披露质量越高、采用微博自媒体披露的基金会绩效越好。

其次，非营利组织评估等级削弱了信息披露质量与组织绩效之间的正相关关系。即相比评估等级高的基金会，在评估等级低的基金会中，信息披露质量对组织绩效的提升作用更为明显。

再次，非营利组织评估等级削弱了微博自媒体披露与组织绩效之间的正相关关系。即相比评估等级高的基金会，在评估等级低的基金会中，微博自媒体披露对组织绩效的提升作用更为明显。

最后，社会资本水平越高，非营利组织绩效越好。研究结果还表明，社会资本削弱了信息披露（信息披露质量和微博自媒体披露）与组织绩效之间的正相关关系。即相比社会资本水平高的基金会，在社会资本水平低的基金会，信息披露对组织绩效的提升作用更为明显。

以上研究丰富和拓展了非营利组织信息披露的经济后果研究，并且将评估等级、社会资本等情景因素纳入分析框架中，弥补了以往文献较少关注情景机制的不足。同时，研究结论为民政管理部门、捐赠者等利益相关方更好地理解非营利组织管理层行为，以及如何监督和约束非营利组织会计信息披露等方面具有一定的启示意义。

| 第 9 章 |

研究结论、政策建议与研究展望

本书在对非营利组织信息披露及其治理机制的分析基础上，以 2005 ~ 2013 年中国社会组织网所披露的基金会为研究样本，采用文本分析方法，整合组织合法性理论、信号理论、资源依赖理论、代理理论、利益相关者理论等，运用规范研究和实证研究相结合的方法考察了非营利组织信息披露质量的影响因素及其经济后果，这不仅丰富和拓展了相关研究文献，而且对非营利组织信息披露及其治理具有一定的参考价值。

9.1　主要研究结论

本书的主要研究发现和研究结论如下。

（1）非营利组织信息披露是解决其社会公信力的重要措施之一，信息披露水平、信息质量和透明度高低，制约着非营利组织治理水平，进而影响非营利组织社会公信力。本书在对我国非营利信息披露动因分析的基础上，探索性地构建了法律层、指南层、披露层三层的非营利组织信息披露框架体系。研究结论对我国非营利组织加强内部治理和外部监督，提升信息披露水平和提高社会公信力，推动非营利组织可持续发展具有重要的现实意义。进一步地，基于云计算设计思路构建了非营利组织信息披露框架体系，以期加强非营利组织治理，提高信息质量、透明度和社会公信力，促使非营利组织健康有序的发展。

（2）作为财务监督手段具有"免疫系统"功能的审计，责无旁贷要为公众揭开和解开非营利组织"运作之谜"，助推非营利组织健康有序发展。本书构建了风险导向和公共问责导向的双导向审计模式，形成了双导向、三审、内外同治的非营利组织审计架构，实现"三车齐驱、螺栓渐进"的治理模式，并由内向外，实现内外同治，从而提高社会捐助的热情和非营利组织的社会公信度。同时，为了进一步认识非营利组织审计导向的重要地位，本书还探讨了非营利组织审计导向演变的逻辑关系，这一方面为非营利组织审计提供指导思想，另一方面也为非营利组织治理机制理论研究提出了新的研究视角。此外，对非营利组织公共问责机制进行了分析，为确保非营利组织公共问责制度的有效运行，既需要内部的协调，又要外部的支持，只有将两方面有机结合，才能达到预期的效果。

（3）本书基于利益相关者视角，详尽分析了非营利组织的筹资策略，认为非营利组织筹资成功与否很大程度上取决于政府、其他组织和个人的认同和支持，非营利组织应积极主动地与利益相关者建立或维系良好的公共关系，并针对不同的群体采取不同的策略，最大限度地赢得利益相关者的信任和支持，从而更好地实现非营利组织的社会使命，研究结论为非营利组织的相关理论提供中国的经验，指导非营利组织进行有效的筹资，提高筹资经济效益和社会效益。

（4）系统地考察了微博自媒体披露、政治关联因素对非营利组织审计质量的影响及其作用机制。研究发现，开通官方微博的基金会、无政治关联的基金会更倾向于选择高质量的审计师，旨在向外界发送有利信号，化解信任危机和获得合法性认同，提高组织公信力。进一步地，本书还发现非营利组织评估等级负向调节微博自媒体披露与审计质量之间的正相关关系。最后，研究还显示，开通官方微博的基金会倾向于选择高质量的审计师这一现象在民间性基金会、没有设立党组织的基金会中更为明显；无政治关联的基金会倾向于选择高质量的审计师这一现象同样在民间性基金会、没有设立党组织的基金会中更为明显。本书的研究结论丰富了非营利组织审计师选择的研究，扩展了现有文献，同时对非营利组织信息披露及其治理具有一定的借鉴意义。

（5）系统地考察了微博自媒体对非营利组织信息披露质量的治理作用，并进一步探讨领导权结构、高管薪酬激励对微博自媒体与非营利组织信息披露质量之间关系的调节作用。研究发现，开通官方微博的基金会信息披露质量更高，并且这一现象在秘书长兼任理事长的基金会中更为明显；同时还发现高管薪酬激励与微博自媒体对提高非营利组织信息披露质量具有替代作用。本书的发现丰富了非营利组织信息披露质量影响因素的研究，拓展了现有文献，对非营利组织信息披露及其内外部治理具有一定的参考价值。

（6）系统地考察了政治因素对非营利组织高管薪酬业绩敏感性的影响。研究发现，我国基金会高管薪酬与业绩之间存在较强的敏感性，并且这一现象在无政治关联的基金会、设立基层党组织的基金会中更为明显。进一步研究发现，与非公募基金会相比，公募基金会中高管薪酬与组织业绩敏感性更强，而基金会性质对高管薪酬业绩敏感性影响十分有限。本书的发现丰富了非营利组织高管薪酬业绩敏感性影响因素的研究，不仅拓展了现有文献，而且对非营利组织薪酬契约设定以及非营利组织治理具有一定的参考价值。

（7）系统地考察了信息披露对组织绩效的影响及其作用机制。研究发现，信息披露质量越高，组织绩效越好，这一现象在评估等级低的基金会中更为明显；微博自媒体披露与组织绩效显著正相关，这一现象也在评估等级低的基金会中更为明显。本书研究还发现社会资本水平越高，组织绩效越好，并且发现社会资本调节信息披露与组织绩效之间的正相关关系，表现为信息披露（信息披露质量和微博自媒体披露）与组织绩效之间的正相关关系，在社会资本水平低的基金会中更为明显。本章的研究获取了非营利组织信息披露影响组织绩效的经验证据，不仅为市场打造更为明晰的信息披露环境，帮助捐赠者作出判断，而且为非营利组织信息披露以及非营利组织管理部门监管具有重要的实践意义。

9.2　研究启示与政策建议

本书的研究结论可能具有以下几点启示意义。

（1）正如美国卡耐基基金会前主席卢塞尔所说，慈善事业要有玻璃做的口袋，唯其透明，才有公信。当务之急，非营利组织不仅应加强内部治理和外部监督，而且应积极主动地与利益相关者建立或维系良好的公共关系，并针对不同的群体采取不同的策略，最大限度地赢得利益相关者的信任和支持，从而更好地实现非营利组织的社会使命。

（2）本书的研究结论有助于我们更为全面、深入地认识和理解非营利组织信息披露的影响因素及其经济后果，对提高非营利组织治理水平和组织绩效具有重要的意义。

（3）本书的研究结论为非营利组织薪酬契约设定、民政管理部门、捐赠者等利益相关方如何监督和约束非营利组织信息披露，以及如何提高非营利组织信息披露质量、组织公信力、组织绩效等方面具有一定的参考价值。

9.3 研究局限性与未来研究方向

9.3.1 研究局限性

本书以中国社会组织网所披露的基金会为研究样本，整合组织合法性理论、信号理论、资源依赖理论、代理理论、利益相关者理论等，采用规范研究和实证研究相结合的方法，虽然尽可能全面、深入、细致、系统地对非营利组织信息披露质量的影响因素及其经济后果进行了理论剖析，并努力探求合理有效的研究方法进行实证检验，同时辅之大量的稳健性测试，但仍不可避免地存在如下研究局限性。

（1）本书借助社会学、管理学、经济学等学科中的相关理论，将组织合法性理论、信号理论、资源依赖理论、代理理论、利益相关者理论等嵌于非营利组织信息披露及其治理的研究框架，为非营利组织信息披露及其治理机制设计提供了经验证据，也为深入理解非营利组织信息披露影响因素及其经济后果提供了可参照的分析框架和技术路径，但囿于自己学科背景、研究能力与学术水平的局限，以及对组织合法性理论、信号理论、资源依赖理论、代理理论、利益相关者理论等相关理论研究成果理解上的不透彻，导致本书的理论分析深度有所欠缺。

（2）内生性问题几乎是所有因果关系研究都无法忽略的问题，虽然本书运用 Heckman 两阶段方法控制样本自选择问题，以及充分考虑异方差、改变变量测量方式的影响后依然稳健，但这并不可能完全解决本书中可能存在的内生性问题，这对计量模型估计的结果也会产生一定的影响。

（3）由于基金会披露数据更新不及时，导致研究样本量受限。本书所有数据全部采用手工摘录和阅读网站等信息媒体获取，由于基金会披露数据更新不及时，通常晚于实际财务报告报出年度 2 ~ 3 年。如，2015 年 3 月 26 日披露了最后一家基金会 2013 年度工作报告书（中国孔子基金会 2013 年度工作报告书），为了保持足够的样本量和项目完成进度，本书完成收集数据时点为 2015 年 12 月 31 日，将样本的研究期间限定为 2005 ~ 2013 年。

9.3.2　未来研究方向

在后续的研究中，至少可以从以下几个方面进行探索和拓展。

（1）通过不断学习提高自身研究水平和能力，进一步深入和细化研究问题，组建跨学科研究团队，更好地分析和解决本书相关的科学问题。

（2）虽然本书运用 Heckman 两阶段方法控制样本选择偏误，并辅之一系列稳健性检验，一定程度上缓解了内生性问题，但要更好地解决这一问题，可能需要借助某些外生的影响事件（如自然实验），期待今后的研究可以继续深入探讨。

（3）今后将利用 Python 编程语言，通过文本分析法挖掘更多的研究变量，构建了精细的非营利组织数据库，获取足够的样本，进一步拓展非营利组织信息披露及其治理机制问题的深度和广度，尝试从多角度、多层次开展研究，并在实践中反复检验模型和所得结论的科学性和适用性，以促进我国非营利组织健康可持续发展。

参考文献

[1] 柏必成. NPOs 与政府的关系分析——基于中国 NPOs 的分类 [J]. 公共管理学报, 2005, 2 (4): 13-18.

[2] 边燕杰. 关系社会学及其学科地位 [J]. 西安交通大学学报 (社会科学版), 2010, 30 (3): 1-6.

[3] 陈丽红, 张龙平, 杜建军, 金红蕾. 慈善基金会特征、审计师选择与捐赠决策 [J]. 审计研究, 2014 (5): 68-76.

[4] 陈丽红, 张龙平, 李青原, 杜建军. 会计信息会影响捐赠者的决策吗? ——来自中国慈善基金会的经验证据 [J]. 会计研究, 2015 (2): 28-35.

[5] 陈仕华, 卢昌崇. 国有企业党组织的治理参与能够有效抑制并购中的 "国有资产流失" 吗? [J]. 管理世界, 2014 (5): 106-120.

[6] 程博, 潘飞, 何磊. 媒体关注与企业环境绩效——基于 "$PM_{2.5}$ 爆表" 事件的研究 [J]. 工作论文, 2017.

[7] 程博, 王建玲, 熊婷. 非营利组织财务开发策略分析: 利益相关者视角 [J]. 科技管理研究, 2011, 31 (22): 212-218.

[8] 程博, 王菁, 熊婷. 企业过度投资新视角: 风险偏好与政治治理 [J]. 广东财经大学学报, 2015, 30 (1): 60-71.

[9] 程博, 王菁. 法律环境、政治治理与审计收费 [J]. 经济管理, 2014, 36 (2): 88-99.

[10] 程博, 熊婷, 王菁. 非营利组织审计导向问题思考 [J]. 财会月刊

（中），2011（12）：64-65.

[11] 程博，熊婷，王菁. 基于云计算的非营利组织信息披露系统研究[J]. 商业会计，2012（3）：91-93.

[12] 程博，宣扬，潘飞. 国有企业党组织治理的信号传递效应——基于审计师选择的分析 [J]. 财经研究，2017，43（3）：69-80.

[13] 程博. 非营利组织关系能力对财务绩效的影响研究：基于信息披露机制的调节分析 [J]. 广西社会科学，2012（11）：65-68.

[14] 程博. 非营利组织审计路径思考 [J]. 财会通讯·综合版（上），2012（6）：86-87.

[15] 程博. 非营利组织信息披露系统体系设计 [J]. 情报杂志，2012，31（1）：156-160.

[16] 程昔武，纪纲. 非营利组织信息披露机制：一个理论框架 [J]. 财贸研究，2008（4）：111-117.

[17] 程昔武. 非营利组织治理机制研究 [M]. 北京：中国人民大学出版社，2008.

[18] 戴亦一，张俊生，曾亚敏，潘越. 社会资本与企业债务融资 [J]. 中国工业经济，2009（8）：99-108.

[19] 邓建平，曾勇. 政治关联能改善民营企业的经营绩效吗？[J]. 中国工业经济，2009（2）：98-108.

[20] 丁璐. 基于云计算的中小企业财务会计信息化探讨 [J]. 财会通讯·综合版（上），2011（3）：124-125.

[21] 董志强. 无知的博弈 [M]. 北京：机械工业出版社，2009.

[22] 杜兴强，温日光. 公司治理与会计信息质量：一项经验研究 [J]. 财经研究，2007，33（1）：122-133.

[23] 方军雄. 高管超额薪酬与公司治理决策 [J]. 管理世界，2012（11）：144-155.

[24] 方军雄. 高管权力与企业薪酬变动的非对称性 [J]. 经济研究，2011，46（4）：107-120.

[25] 方军雄. 我国上市公司高管的薪酬存在粘性吗？[J]. 经济研究，2009，44（3）：110-124.

［26］费孝通. 乡土中国［M］. 香港：凤凰出版社，1948.

［27］冯均科. 审计问责：理论研究与制度设计［M］. 北京：经济科学出版社，2009.

［28］高猛，赵平安. 政府与 NGO 合作关系的逻辑与生成——建构主义的视角［J］. 学术探索，2009（2）：49 - 53.

［29］郭道扬. 论产权会计观与会计产权变革［J］. 会计研究，2004（2）：8 - 15.

［30］何贤杰，王孝钰，赵海龙，陈信元. 上市公司网络新媒体信息披露研究：基于微博的实证分析［J］. 财经研究，2016，42（3）：16 - 27.

［31］何新明. 营销价值观与组织绩效关系的实证研究：兼论企业所有制的影响［J］. 中国工业经济，2006（8）：111 - 124.

［32］胡军，王甄，陶莹，邹隽奇. 微博、信息披露与分析师盈余预测［J］. 财经研究，2016，42（5）：66 - 76.

［33］胡军，王甄. 微博、特质性信息披露与股价同步性［J］. 金融研究，2015（11）：190 - 206.

［34］黄文锋，张建琦，黄亮. 国有企业董事会党组织治理、董事会非正式等级与公司绩效［J］. 经济管理，2017，39（3）：6 - 20.

［35］纪建悦，刘艳青，王翠，吕帅. 利益相关者影响企业财务绩效的理论分析与实证研究［J］. 中国管理科学，2009，17（6）：186 - 192.

［36］贾明，张喆. 高管的政治关联影响公司慈善行为吗？［J］. 管理世界，2010（4）：99 - 113.

［37］蒋涛，刘运国，徐悦. 会计业绩信息异质性与高管薪酬［J］. 会计研究，2014（3）：18 - 25.

［38］康芒斯. 制度经济学（中译本）［M］. 北京：商务印书馆，1997.

［39］雷海民，梁巧转，李家军. 公司政治治理影响企业的运营效率吗？——基于中国上市公司的非参数检验［J］. 中国工业经济，2012（9）：109 - 121.

［40］雷海民，梁巧转，李家军. 组织特征影响政治资源企业的财务能力吗？——基于中国上市公司的非参数检验［J］. 中国软科学，2013（2）：144 - 153.

[41] 黎仁华, 李齐辉, 何海霞. 跟踪审计的机理与方法研究 [J]. 审计研究, 2011 (6): 21-25.

[42] 李晗, 张立民, 汤胜. 媒体监督能影响基金会绩效吗? ——来自我国的初步经验证据 [J]. 审计研究, 2015 (2): 72-80.

[43] 李培功, 沈艺峰. 媒体的公司治理作用: 中国的经验证据 [J]. 经济研究, 2010, 45 (4): 14-27.

[44] 李晓玲, 胡欢, 刘中燕. 分析师关注与薪酬业绩敏感性: 基于职业声誉和产权性质视角 [J]. 商业经济与管理, 2015 (7): 34-45.

[45] 里贾纳·E·赫茨琳杰. 非营利组织管理 [M]. 北京: 中国人民大学出版社, 2004.

[46] 梁建, 陈爽英, 盖庆恩. 民营企业的政治参与、治理结构与慈善捐赠 [J]. 管理世界, 2010 (7): 109-118.

[47] 梁上坤. 媒体关注、信息环境与公司费用粘性 [J]. 中国工业经济, 2017 (2): 154-173.

[48] 林钟高, 王锴, 章铁生. 财务治理结构、机制与行为研究 [M]. 北京: 经济管理出版社, 2005.

[49] 林钟高, 郑军, 汤谢莹. 关系专用性投资与高管薪酬业绩敏感性 [J]. 财经研究, 2014, 40 (9): 133-144.

[50] 刘慧龙. 控制链长度与公司高管薪酬契约 [J]. 管理世界, 2017 (3): 95-112.

[51] 刘丽珑, 李建发. 非营利组织信息透明度改进研究——基于全国性基金会的经验证据 [J]. 厦门大学学报 (哲学社会科学版), 2015 (6): 91-101.

[52] 刘丽珑. 我国非营利组织内部治理有效吗——来自基金会的经验证据 [J]. 中国经济问题, 2015 (2): 98-108.

[53] 刘清华. 企业网络中关系性交易治理机制及其影响研究 [D]. 杭州: 浙江大学, 2003.

[54] 刘亚莉, 王新, 魏倩. 慈善组织财务信息披露质量的影响因素与后果研究 [J]. 会计研究, 2013 (1): 76-83.

[55] 刘异, 朱维, 江万涛, 龚健雅. 一种基于云计算模型的遥感处理

服务模式研究与实现 [J]. 计算机应用研究, 2009, 26 (9): 3428 - 3431.

[56] 刘永泽, 张亮. 我国政府部门内部控制框架体系的构建研究 [J]. 会计研究, 2012 (1): 10 - 19.

[57] 刘志明, 张兴杰, 游艳玲. 非营利组织在线信息披露质量影响因素分析——基于中国基金会的实证研究 [J]. 中国行政管理, 2013 (11): 46 - 51.

[58] 卢太平, 薛恒新, 李霞. 非营利组织的财务机制体系构建 [J]. 经济管理, 2005 (5): 66 - 67.

[59] 罗党论, 刘晓龙. 政治关系、进入壁垒与企业绩效——来自中国民营上市公司的经验证据 [J]. 管理世界, 2009 (5): 97 - 106.

[60] 罗进辉. 媒体报道的公司治理作用——双重代理成本视角 [J]. 金融研究, 2012 (10): 53 - 166.

[61] 马晨, 张俊瑞. 管理层持股、领导权结构与财务重述 [J]. 南开管理评论, 2012, 15 (2): 143 - 150.

[62] 马连福, 王元芳, 沈小秀. 国有企业党组织治理、冗余雇员与高管薪酬契约 [J]. 管理世界, 2013 (5): 100 - 115.

[63] 马连福, 王元芳, 沈小秀. 中国国有企业党组织治理效应研究——基于"内部人控制"的视角 [J]. 中国工业经济, 2012 (8): 82 - 95.

[64] 倪国爱, 程昔武. 非营利组织信息披露机制的理论框架研究 [J]. 会计之友 (中), 2009 (4): 11 - 14.

[65] 祁继鹏, 何晓明. 高管团队的社会资本能否改变企业并购绩效? [J]. 财经问题研究, 2015 (12): 111 - 118.

[66] 史正保, 王李娜. 试析我国慈善捐赠资金的监管 [J]. 开发研究, 2011 (3): 148 - 152.

[67] 汪方军, 朱莉欣, 黄侃. 低碳经济下国家碳排放信息披露系统研究 [J]. 科学学研究, 2011, 29 (4): 515 - 520.

[68] 汪军良, 项国鹏. 网络理论与竞争优势 [J]. 当代财经, 2001 (8): 39 - 41.

[69] 王立君. 基于利益相关者理论的企业社会责任体系的构建 [J]. 生产力研究, 2009 (12): 19 - 20.

[70] 王立平. 发展模式之争: 近年来公益性出版研究综述 [J]. 出版科

学，2009，17（1）：49-53.

[71] 王生年，尤明渊. 管理层薪酬激励能提高信息披露质量吗？[J].
审计与经济研究，2015，30（4）：22-29.

[72] 王野，龚丹丹，付剑锋. 会计信息质量与薪酬设计关系的实证考
量 [J]. 统计与决策，2009（1）：184-186.

[73] 尉俊东，赵文红，万迪昉. 我国事业单位改革的方向与治理模式：
基于受益人特质的非营利组织分类管理的视角 [J]. 当代经济科学，2006，
28（2）：66-69.

[74] 文峰. 云计算与云审计——关于未来审计的概念与框架的一些思
考 [J]. 中国注册会计师，2011（2）：98-103.

[75] 吴育辉，吴世农. 高管薪酬：激励还是自利？——来自中国上市
公司的证据 [J]. 会计研究，2010（11）：40-48.

[76] 姚小涛，张田，席酉民. 强关系与弱关系：企业成长的社会关系
依赖研究 [J]. 管理科学学报，2008，11（1）：143-152.

[77] 肖作平，张樱. 社会资本对银行贷款契约的影响 [J]. 证券市场导
报，2014（12）：32-40.

[78] 熊婷，程博，王菁. 企业政治关联与外部审计需求——基于机构
持股和经理自主权两重角度的研究 [J]. 中国注册会计师，2015（5）：49-
57.

[79] 熊婷，程博. 高管团队薪酬差距与企业过度投资 [J]. 软科学，
2017，31（1）：101-104.

[80] 徐巍，陈冬华. 自媒体披露的信息作用——来自新浪微博的实证
证据 [J]. 金融研究，2016（3）：157-173.

[81] 徐业坤，钱先航，李维安. 政治不确定、政治关联与民营企业投
资——来自市委书记更替的证据 [J]. 管理世界，2013（5）：116-130.

[82] 徐宇珊. 社会组织结构创新：支持型机构的成长 [J]. 中国社会组
织，2010（8）：28-31.

[83] 颜克高，陈晓春. 非营利组织信息披露机制的理论构建 [J]. 华东
经济管理，2010，24（12）：122-125.

[84] 颜克高，薛钱伟. 非营利组织理事会治理与财务绩效研究 [J]. 商

业研究，2013，55（10）：96 - 103.

［85］杨道广，陈汉文，刘启亮. 媒体压力与企业创新［J］. 经济研究，2017，52（8）：125 - 139.

［86］杨明增. 头脑风暴法在舞弊审计中的运用研究：回顾与启示［J］. 审计研究，2011（4）：94 - 99.

［87］杨玉龙，潘飞，张川. 上下级关系、组织分权与企业业绩评价系统［J］. 管理世界，2014（10）：114 - 135.

［88］叶国祯. 舒尔茨与人力资本［J］. 金山企业管理，2005（1）：19 - 20.

［89］衣成龙. 公司财务治理论［M］. 北京：清华大学出版社，2005.

［90］因内斯·马可·斯达德勒，管毅平译. 信息经济学引论［M］. 上海：上海财经大学出版社，2004.

［91］应千伟，呙昊婧，邓可斌. 媒体关注的市场压力效应及其传导机制［J］. 管理科学学报，2017，20（4）：32 - 49.

［92］于国旺. 非营利组织财务治理的经济理论分析［J］. 审计与经济研究，2007，22（2）：66 - 71.

［93］于国旺. 受托责任与非营利组织会计信息披露分析［J］. 财会通讯·综合版（上），2010（8）：53 - 54.

［94］于忠泊，田高良，齐保垒，张皓. 媒体关注的公司治理机制——基于盈余管理视角的考察［J］. 管理世界，2011（9）：127 - 140.

［95］于忠泊，田高良，张咏梅. 媒体关注、制度环境与盈余信息市场反应——对市场压力假设的再检验［J］. 会计研究，2012（9）：40 - 51.

［96］余明桂，回雅甫，潘红波. 政治联系、寻租与地方政府财政补贴有效性［J］. 经济研究，2010，45（3）：65 - 77.

［97］詹雷，王瑶瑶. 管理层激励、过度投资与企业价值［J］. 南开管理评论，2013，16（3）：36 - 46.

［98］张彪，向晶晶. 构建非营利组织财务透明度提升机制的基本思路［J］. 财经理论与实践，2008，29（7）：73 - 76.

［99］张彪. 非营利组织财务研究［M］. 长沙：湖南人民出版社，2010.

［100］张纯. 非营利组织理财［M］. 上海：上海财经大学出版社，

2007.

[101] 张根明. 企业家创新行为与绩效研究 [D]. 长沙: 中南大学, 2009.

[102] 张功耀. "垃圾输入－垃圾输出"原理的推广 [J]. 自然辩证法通讯, 2004, 26 (6): 5－7.

[103] 张立民, 曹丽梅, 李晗. 审计在基金会治理中能够有效发挥作用吗? [J]. 南开管理评论, 2012, 15 (2): 92－100.

[104] 张立民, 李晗. 我国基金会内部治理机制有效吗? [J]. 审计与经济研究, 2013 (2): 79－88.

[105] 张先治, 傅荣, 贾兴飞, 晏超. 会计准则变革对企业理念与行为影响的多视角分析 [J]. 会计研究, 2014 (6): 31－39.

[106] 张雁翎, 陈慧明. 非营利组织财务信息披露的筹资效应分析 [J]. 财经研究, 2007, 33 (11): 104－113.

[107] 张以文, 倪志伟, 宋捷, 王力. 云计算环境下动态虚拟企业伙伴选择模型 [J]. 计算机科学, 2011, 38 (7): 212－215.

[108] 张樱. 社会资本、产品市场竞争与银行贷款融资 [J]. 山西财经大学学报, 2017, 39 (1): 28－39.

[109] 赵阿敏, 曹桂全. 慈善组织微博影响力评价研究——基于17家全国公募基金会官方微博的实证研究 [J]. 情报杂志, 2013, 32 (10): 36－40.

[110] 赵文红, 邵建春, 尉俊东. 参与度、信任与合作效果的关系——基于中国非营利组织与企业合作的实证分析 [J]. 南开管理评论, 2008, 11 (3): 51－57.

[111] 赵晓. 媒体监督对基金会绩效的影响——基于中国红十字基金会的案例研究 [J]. 财会学习, 2016 (15): 219－221.

[112] 中国注册会计师协会编. 审计 [M]. 北京: 经济科学出版社, 2011.

[113] 周红伟, 李琦. 基于云计算的空间信息服务系统研究 [J]. 计算机应用研究, 2011, 28 (7): 2586－2588.

[114] 周美芳. 论非营利组织治理理论与我国非营利组织治理的方向

[J]. 经济纵横, 2005 (8): 58 - 61.

[115] 周泽将, 杜兴强. 税收负担、会计稳健性与薪酬业绩敏感度 [J]. 金融研究, 2012 (10): 167 - 179.

[116] Ahlstrom D., Bruton G. D. Learning from successful local private firms in China: establishing legitimacy [J]. Academy of Management Executive, 2001, 15 (4): 72 - 83.

[117] Alchian A. A., Demsetz H. Production, information costs, and economic organization [J]. The American Economic Review, 1972, 62 (5): 777 - 795.

[118] Allen F., Qian J., Qian M. Law, finance, and economic growth in China [J]. Journal of Financial Economics, 2005, 77 (1): 57 - 116.

[119] Andrea B., Andrea P. A Theoretical framework for the evaluation of university industry relationships [J]. R&D Management, 1994, 24 (3): 229 - 247.

[120] Balsam S., Harris E. E. The impact of CEO compensation on nonprofit donations [J]. The Accounting Review, 2014, 89 (2): 425 - 450.

[121] Bhuian S. N., Menguc B., Bell S. J. Just entrepreneurial enough them ode rating effect of entrepreneurship on the relationship between market orientation and performance [J]. Journal of Business Research, 2005, 58 (1): 9 - 17.

[122] Biddle G. C., Hilary G., Verdi R. S. How does financial reporting quality relate to investment efficiency? [J]. Journal of Accounting and Economics, 2009, 48 (s2 - 3): 112 - 131.

[123] Blankespoor E., Miller G. S., White H. D. The role of dissemination in market miquidity: evidence from firms'use of twitter [J]. The Accounting Review, 2014, 89 (1): 79 - 112.

[124] Bourdieu E. The forms of capital [M]. New York: Greenwood, 1986.

[125] Burt R. Structural holes: the social structure of competition [M]. Cambridge, MA: Harvard University Press, 1992.

[126] Burt R. S. Toward a Structural theory of action: network models of social structure [M]. Perception and Action, New York: Academic press, 1982.

[127] Callen J. L. , Klein A. , Tinkelman D. Board composition, committees and organizational efficiency: the case of nonprofits [J]. Nonprofit and Voluntary Sector Quarterly, 2003, 32 (2): 493 – 520.

[128] Callen J. L. , Klein A. , Tinkelman D. The contextual impact of nonprofit board composition and structure on organizational performance: agency and resource dependence perspectives [J]. International Journal of Voluntary and Nonprofit Organizations, 2010, 21 (1): 101 – 125.

[129] Campbell D. E. A matter of faith: religion in the 2004 presidential election [M]. Washington: Bookings Institution Press, 2007.

[130] Chang E. C. , Wong S. M. L. Political control and performance in China's listed firms [J]. Journal of Comparative Economics, 2004, 32 (4): 617 – 636.

[131] Chen S. , Shevlin T. , Tong Y. H. Does the pricing of financial reporting quality change around dividend changes? [J]. Journal of Accounting Research, 2007, 45 (1): 1 – 40.

[132] Cheng B. , Pan F. , Xuan Y. Confucian culture and accounting information quality [J]. China Accounting and Finance Review, 2016, 19 (1): 47 – 106.

[133] Claessens S. , Feijen E. , Laeven L. Political connections and preferential access to finance: The role of campaign contributions [J]. Journal of Financial Economics, 2008, 88 (3): 554 – 580.

[134] Claudlu P. , Mike K. Information security for non-profits [J]. CMA Management, 2007, 80 (9): 19 – 21.

[135] Coase R. H. The nature of the firm [J]. Economica, 1937, 16 (4): 386 – 405.

[136] Cohen B. D. , Dean T. J. Information asymmetry and investor valuation of IPOs: top management team legitimacy as a capital market signal [J]. Strategic Management Journal, 2005, 26 (7): 683 – 690.

[137] DeAngelo L. E. Auditor size and audit quality [J]. Journal of Accounting and Economics, 1981, 3 (3): 183 – 199.

[138] DeFond M. L. The association between changes in client firm agency costs and auditor switching [J]. Auditing: A Journal of Practice and Theory, 1992, 11 (1): 16 – 31.

[139] Demsetz H. The exchange and enforcement of property rights [J]. Journal of Law and Economics, 1964, 3 (8): 11 – 26.

[140] Demsetz H. Toward a theory of property rights [J]. The American Economic Review, 1967, 57 (3): 347 – 359.

[141] Dickson P. H. , Weaver K. M. , Hoy F. Opportunism in the R&D alliances of SMES: the roles of the institutional environment and SME size [J]. Journal of Business Venturing, 2006, 21 (4): 487 – 513.

[142] Douglas M. L. , Garcia – Dastugue S. J. Croxton K. L. The role of logistics managers in the cross-functional implementation of supply chain management [J]. Journal of Business Logistics, 2008, 29 (1): 113 – 132.

[143] Du J. , Guariglia A. , Newman A. Do Social capital building strategies influence the financing behavior of Chinese private small and medium-sized enterprises? [J]. Entrepreneurship Theory and Practice, 2015, 39 (3): 601 – 631.

[144] Dyck A. , Zingales L. The corporate governance role of the media: evidence from Russia [J]. The Journal of Finance, 2008, 63 (3): 1093 – 1135.

[145] Ebrahim A. Building analytical and adaptive capacity: challenges for NGOs and donors [M]. Alexandria: Virginia Polytechnic Institute and State University, 2004.

[146] Efendi J. , Srivastava A. , Swanson E. P. Why do corporate managers misstate financial statements? The role of option compensation and other factors [J]. Journal of Financial Economics, 2007, 85 (3): 667 – 708.

[147] Faccio M. Politically connected firms [J]. The American Economic Review, 2006, 96 (1): 369 – 386.

[148] Faccio M. , Masulis R. W. , McConnell J. Political connections and corporate bailouts [J]. The Journal of Finance, 2006, 61 (6): 2597 – 2635.

[149] Faccio M. , Parsley D. Sudden deaths: taking stock of geographic ties [J]. Journal of Financial and Quantitative Analysis, 2009, 44 (3): 683 –718.

[150] Fama E. F, Jenson M. C. The separation of ownership and control [J]. Journal of Law and Economics, 1983, 26 (2): 301 –325.

[151] Fama E. F. , Jenson M. C. Separation of ownership and control [J]. Journal of Law and Economics, 1983, 26 (2): 301 –325.

[152] Fan J. P. , Wong T. J. Corporate ownership structure and the informativeness of accounting earnings in East Asia [J]. Journal of Accounting and Economics, 2002, 33 (3): 401 –425.

[153] Fang L. , Peress J. Media coverage and the cross-section of stock returns [J]. The Journal of Finance, 2009, 64 (5): 2023 –2052.

[154] Fisman R. Estimating the value of political connections [J]. The American Economic Review, 2001, 91 (4): 1095 –1102.

[155] Fombrun C. J. , Gardberg N. A. , Sever J. M. The reputation quotient: a multiple stakeholder measure of corporate reputation [J]. The Journal of brand management, 2000, 7 (4): 241 –255.

[156] Freeman R. E. Strategic management: a stakeholder approach [M]. Boston: Pitman, 1984.

[157] Gordon T. P. , Khumawala S. B. The demand for not-for-profit financial statements: a model of individual giving [J]. Journal of Accounting Literature, 1999, 18: 31 –56.

[158] Gordon T. , Fischer M. , Malone D. , Tower G. A comparative empirical examination of extent of disclosure by private and public colleges and universities in the United States [J]. Journal of Accounting and Public Policy, 2002, 21 (3): 235 –275.

[159] Greenlee J. , Fischer M. , Gordon T. , Keating E. An investigation of fraud in nonprofit organizations: occurrences and deterrents [J]. Nonprofit and Voluntary Sector Quarterly, 2007, 36 (4): 676 –694.

[160] Greenley G. E. , Hooley G. J. , Rudd J. M. Market orientation in a multiple stakeholder orientation context: implications for marketing capabilities and

assets [J]. Journal of Business Research, 2005, 58 (11): 1483 – 1494.

[161] Gul F. A. , Chen C. J. , Tsui J. S. L. Discretionary accounting accruals, managers' incentives, and audit fees [J]. Contemporary Accounting Research, 2003, 20 (3): 441 – 464.

[162] Gul F. A. , Tsui J. S. L. Free cash flow, debt monitoring, and audit pricing: further evidence on the role of director equity ownership [J]. Auditing: A Journal of Practice and Theory, 2001, 20 (2): 71 – 84.

[163] Hadfield G. K. Problematic relations: franchising and the law of incomplete contracts [J]. Stanford Law Review, 1990 (3): 927 – 992.

[164] Healy P. M. The effect of bonus schemes on accounting decisions [J]. Journal of Accounting and Economics, 1985, 7 (1 – 3): 85 – 107.

[165] Healy P. M. , Palepu K. G. Information asymmetry, corporate disclosure, and the capital markets: a review of the empirical disclosure literature [J]. Journal of Accounting and Economics, 2001, 31 (1 – 3): 405 – 440.

[166] Heckman J. J. Sample selection bias as a specification error [J]. Econometrica, 1979, 47 (1): 153 – 161.

[167] Heugens P. P. , Lander M. W. Structure! agency! (and other quarrels): a meta-analysis of institutional theories of organization [J]. Academy of Management Journal, 2009, 52 (1): 61 – 85.

[168] Hirsch J. E. An index to quantify an individual's scientific research output [C]. Proceedings of the National Academy of Sciences of the United States of America, 2005, 102 (46): 16569 – 16572.

[169] Hoffmann W. H. , Schaper – Rinkel W. Acquire or ally? a strategy framework for deciding between acquisition and cooperation [J]. Management International Review, 2001, 41 (2): 131 – 159.

[170] Holthausen R. W. , Leftwich R. W. The economic consequences of accounting choice: implications of costly contracting and monitoring [J]. Journal of Accounting and Economics, 1983, 5 (2): 77 – 117.

[171] Jensen M. C. , Meckling W. H. Theory of the firm: managerial behavior, agency costs and ownership structure [J]. Journal of Financial Economics,

1976, 3 (4): 305 – 360.

[172] Joe J. R. , Louis H. , Robinson D. Managers' and investors' responses to media exposure of board ineffectiveness [J]. Journal of Financial and Quantitative Analysis, 2009, 44 (3): 579 – 605.

[173] Jung B. , Lee W. J. , Weber D. P. Financial reporting quality and labor investment efficiency [J] . Contemporary Accounting Research, 2014, 31 (4): 1047 – 1076.

[174] Ke B. , Rui O. , Yu W. Hong Kong stock listing and the sensitivity of managerial compensation to firm performance in state-controlled Chinese firms [J]. Review of Accounting Studies, 2012, 17 (1): 166 – 188.

[175] Kitching K. Audit value and charitable organizations [J]. Journal of Accounting and Public Policy, 2009, 28 (6): 510 – 524.

[176] Klein R. , Benjamin R. , Crawford A. Vertical, appropriable rents and the competitive contracting process [J]. Journal of Law and Economics, 1978 (21): 297 – 326.

[177] Kothari S. P. , Li X. , Short J. E. The effect of disclosures by management, analysts, and business press on cost of capital, return volatility, and analyst forecasts: a study using content analysis [J]. The Accounting Review, 2009, 84 (5): 1639 – 1670.

[178] Krishnan R. , Yetman M. H. , Yetman R. J. Expense misreporting in nonprofit organizations [J]. The Accounting Review, 2006, 81 (2): 399 – 420.

[179] Lambert D. M. , Garcia – Dastugue S. J. , Croxton K. L. An evaluation of process-oriented supply chain management frameworks [J]. Journal of Business Logistics, 2005, 26 (1): 25 – 51.

[180] Lapsley. Accounting in the world of strange organizations' [J]. Financial Accountability and Management, 1998, 14 (3): 169 – 172.

[181] Lawrence T. B. , Phillips N. , Hardy C. Watching whale-watching: a relational theory of organizational collaboration [J]. Journal of Applied Behavioral Science, 1999, 35 (4): 79 – 502.

[182] Leat D. Voluntary organizations and accountability, policy analysis unit

[M]. UK: National Council for Voluntary Organizations, 1988.

[183] Lee Y. , Cavusgil S. T. Enhancing alliance performance: the effects of contractual-based versus relational-based governance [J]. Journal of Business Research, 2006, 59 (8): 896 – 905.

[184] Li C. , Wang Y. , He H. , He Y. The causes and consequences of internal control problems in nonprofit organizations [J]. The Accounting Review, 2011, 86 (1): 325 – 357.

[185] Lorenzoni G. , Lipparini A. The leveraging of inter-firm relationships as a distinctive organizational capability: a longitudinal study [J]. Journal of Management Studies, 1999, 36 (3): 379 – 398.

[186] Luk C. L. , Yau O. H. M. , Sin L. Y. M. , Chow R. P. M. Stakeholder orientation and business performance: the case of service companies in China [J]. Journal of International Marketing, 2005, 13 (1): 89 – 110.

[187] Luo Y. Industrial dynamics and managerial networking in an emerging market: the case of China [J]. Strategic Management Journal, 2003, 24 (13): 1315 – 1327.

[188] Lux S. , Crook T. R, Leap T. Corporate political activity: the good, the bad, and the ugly [J]. Business Horizons, 2012, 55 (3): 307 – 312.

[189] Macneil I. R. The many futures of contracts [J]. Southern California Law Review, 1974 (2): 691 – 816.

[190] Malkiel B. G. , Fama E. F. Efficient capital markets: a review of theory and empirical work [J]. The Journal of Finance, 1970 (25): 383 – 417.

[191] Miller G. S. , Skinner D. J. The evolving disclosure landscape: how changes in technology, the media, and capital markets are affecting disclosure [J]. Journal of Accounting Research, 2015, 53 (2): 221 – 239.

[192] Monika M. The accountability paradigm: standards of excellence [J]. Public Management Review, 2008, 10 (1): 127 – 137.

[193] Morrow J. L. , Hansen M. H. , Pearson A. W. The cognitive antecedents of general trust within cooperative organization [J]. Journal of Managerial Issues, 2004, 16 (1): 48 – 64.

[194] Nas J. What is stakeholder thinking? a snap shot of asocial theory of the firm [M]. Understanding stakeholder thinking, Helsinki: LSR – Julkaisut Oy, 1995.

[195] Nunnally J. Psychometric methods [M]. New York: McGraw – Hill, 1978.

[196] O'Regan K. , Oster S. M. Does the structure and composition of the board matter? The case of nonprofit organizations [J]. Journal of Law, Economics and Organization, 2005, 21 (1): 205 – 227.

[197] Oliver C. Sustainable competitive advantage: combining institutional and resource-based views [J]. Strategic Management Journal, 1997 (18): 697 – 714.

[198] Pfeffer J. , Salancik G. R. The external control of organizations: a resource dependence perspective [M]. New York: Harper and Row Publishers, 1978.

[199] Putnam R. Bowling alone: America's declining social capital [J]. Journal of Democracy, 1995, 28 (6): 65 – 78.

[200] Rodríguez M. D. M. G. , Pérez M. D. C. C. , Godoy M. L. Determining factors in online transparency of NGOs: a spanish case study [J]. Voluntavy International Journal of Voluntary and Nonprofit Organizations, 2012, 23 (3): 661 – 683.

[201] Sarkar J. , Sarkar S. , Sen K.. Board of directors and opportunistic earnings management: evidence from India [J]. Journal of Accounting, Auditing and Finance, 2008, 23 (4): 517 – 551.

[202] Sawant R. J. Asset Specificity and corporate political activity in regulated industries [J]. Academy of Management Review, 2012, 37 (2): 194 – 210.

[203] Saxton G. D. , Guo C. Accountability online: understanding the web-based accountability practices of nonprofit organizations [J]. Nonprofit and Voluntary Sector Quarterly, 2011, 40 (2): 270 – 295.

[204] Saxton G. D. , Kuo J. S. , Ho Y. C. The determinants of voluntary financial disclosure by nonprofit organizations [J]. Nonprofit and Voluntary Sector

Quarterly, 2012, 41 (6): 1051 – 1071.

[205] Suchman M. C. Managing legitimacy: strategic and institutional approaches [J]. Academy of Management Review, 1995, 20 (3): 571 – 610.

[206] Teece D. J. , Pisano B. , Shuen. A dynamic capabilities and strategic management [J]. Strategic Management Journal, 1997, 18 (7): 509 – 533.

[207] Torres L. , Vicente P. Accounting for accountability and management in NPOs, a comparative study of four countries: Canada, the United Kingdom, the USA and Spain [J]. Financial Accountability and Management, 2003, 19 (3): 265 – 285.

[208] Trussel J. Assessing potential accounting manipulation: the financial characteristics of charitable organizations with higher than expected program-spending ratios [J]. Nonprofit and Voluntary Sector Quarterly, 2003, 32 (3): 616 – 634.

[209] Watts R. L. , Zimmerman J. L. Agency problems, auditing, and the theory of the firm: some evidence [J]. Journal of Law and Economics, 1983, 26 (3): 613 – 633.

[210] Watts R. , Zimmerman J. Positive accounting theory [M]. New Jersey: Prentice Hall, 1986.

[211] Weber E. P. The question of accountability in historical perspective: from Jackson to contemporary grassroots ecosystem management [J]. Administration and Society, 1999, 31 (4): 451 – 494.

[212] Weisbrod B. A. , Dominguez N. D. Demand for collective goods in private nonprofit markets: can fundraising expenditures help overcome free-rider behavior? [J]. Journal of Public Economics, 1986, 30 (1): 83 – 96.

[213] Willianson O. E. The economic institutions of calitalism [M]. New York: Free Press, 1985.

[214] Wohlstetter P. , Malloy C. L. , Hentschke G. C. , Smith J. Improving service delivery in education through collaboration: an exploratory study of the role of cross-sectoral alliances in the development and support of charter Schools [J]. Social Science Quarterly, 2004, 85 (5): 1078 – 1095.

[215] Yang M M. Gifts, favors and banquets: the art of social relationship in China [M]. Ithaca, NY: Cornell University Press, 1994.

[216] Yetman M. H. , Yetman R. J. Do donors discount low-quality accounting information? [J]. The Accounting Review, 2013, 88 (3): 1041 – 1067.

[217] Yetman M. H. , Yetman R. J. The effects of governance on the accuracy of charitable expenses reported by nonprofit organizations [J]. Contemporary Accounting Research, 2012, 29 (3): 738 – 767.

[218] You J. China's enterprise reform: changing state/society relations after Mao [M]. London: Psychology Press, 1998.

[219] Zahra S. , George G. Absorptive capacity: a review, reconceptualization, and extension [J]. Academy of Management Review, 2002, 27 (2): 185 – 203.

[220] Zhao M. , Stank T. P. Interactions between operational and relational capabilities in fast food service delivery [J]. Transportation Research Part E: Logistics and Transportation Review, 2003, 39 (2): 161 – 173.